3歳からの子育て歳時記

青木裕子
YUKO AOKI

はじめに

こんにちは。青木裕子と申します。

我が家には、2014年3月生まれの長男と2016年1月生まれの次男がいます。

絶賛子育て中、〝七転八倒〟中、〝四苦八苦〟中、〝五里霧中〟中です。

今回、講談社のFRaUから「WEBでの子育て連載を本にしませんか?」とお声がけいただいて、正直戸惑いました。だって、私は子育て成功者ではないのですから。

教育に関する本を出しているのは、例えば、「子どもを東大に入れました!」とか、「一流スポーツ選手を育てました!」という方々がほとんどでしょう。私なんかの本に需要はないでしょうし、もっと言えば「自分は成功者だ」と、勘違いしていると思われるのではないかしら……って。でも後述しますが、『子育て歳時記』というFRaUwebの連載コラムには思い入れがあり、まとめて一冊の本として残していただけるのはとても有り難いし……。

ということで、書籍化にあたっては、私には提示できない(けど知りたい)教育指南や教育論について、各分野の一流の先生方のご協力を仰ぐことにしました。

まず小学校受験の視点から、大原英子先生（2000人以上の小学校受験生の家庭をサポート。小学校受験専門幼児教室『コノユメSCHOOL』・オンラインサロン『コノユメサロン』代表）に全面協力をお願いし、中学校受験の視点からは、矢野耕平先生（中学受験指導歴29年のキャリアを持つ、中学受験専門塾『スタジオキャンパス』代表）にご寄稿いただき、そして、受験に関わらず、広い視点で見た教育について宝槻泰伸先生（勉強を教えない教室として大人気の学び舎『探究学舎』代表）にお話を伺いました。

選択肢の多い現代の子育てですが、案外情報はカテゴライズされているように感じています。自分が選んだ選択肢以外の情報ってなかなか入ってこないような気がするのです。でももっともっと、さまざまな情報が共有できたらいいのにという思いが、私にはずっとありました。そういう意味で、この本は盛りだくさんな本になった！　という自負があります。

この本には「これをやったら絶対に○○小学校に合格します」「偏差値が上がります」という情報はありません。「子育ての正解はこれです」という提言もありません。

でも、悩み考える私の子育てに共感していただいたり、各分野の先生方の考えを知っていただいたり、もしかしたら一つくらい「やってみよう」と思える事柄を見つけたりすることで、少しでも読んでよかったと思っていただけたら幸いです。

繰り返しになりますが、本当に素晴らしい先生方にご協力いただきました。

「青木裕子じゃなくて、先生の話が読みたいんだよ」と思われることでしょう。

私は、しょっちゅう怒ってばかり、反省してばかりの母親です。

それでも、子どもと過ごす時間が好きです。

きっとこの本を手にしていらっしゃる皆さんは一生懸命子育てしている方ばかりだと思います。

子どもの教育について、やり方を押し付け合うより補い合いたい。〝手の抜き方〟を知ることも大切だけれど、〝前向きな手のかけ方〟を共有できたらと思いながらこの本を作りました。


本書はFRaUweb2021年3月6日〜2023年10月2日公開記事に一部加筆・修正の上、新しく先生方からの寄稿や対談を加えたものです。

CONTENTS

悩み考える育児

漫画：たぬポンド

子育ては禁止事項が多い
巷のネットニュース
NEWS/教育
こんな親が子育てに失敗する
ニュース/育児
育児で絶対やってはいけないこと
私がそういう記事ばかり読んでるからなのか？
まずもって子育てに「失敗」なんて言葉使わないでほしいのだけど
子育て10の禁止事項
ちらっ
でもやっぱり読んでしまう
そしてこっそり影響されてしまう

禁止事項の多くは「過ぎたるは及ばざるが如し」的な内容
だけど干渉なしに子育てなんて成立しない
だから知りたいのは……
んー
過干渉
親
子
ゴゴゴ
ゴゴゴ
干渉
期待
トポポ…
育児
どれくらいの干渉が必要でどこからがやりすぎなのか
どれくらいの期待なら重くならず程よい後押しになるか
というところだがそこはもう……
この方法で大成功しました！
※個人の感想です
効果には個人差があります
個人差ッ
子による
家庭による
これは先輩ママパパや専門家に聞いても答えはわからない

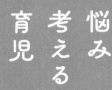

我が家の正解は
きっと我が家にしかない
そして正解《それ》を決められるのは
私たち親ではなく
子どもたちなのだ
そんなに勉強しなさい！って言ってないよね
と私が思っていても
息子が
お母さん勉強しろってめっちゃ言う
と感じていたら
きっとそちらが真だ
あぁ〜 でも 難しいなぁ!!
子どもって文句ばかり言うんだもの〜！
だって!!
経験浅く!!
当座の気持ちで短絡的に判断しがち!!
ピーチク パーチク
あれヤダ〜
これしたい〜
「子どもの意志は尊重されるべき」は大前提として
建前でなく本音で話そうじゃないか
そこを考慮せず子どもの自主性を重んじるのは
寧ろ彼らの存在を軽んじることになるのでは？
現時点で彼らがどれくらい考える力を身につけているか
注意深く観察しながら主張を受け止める
彼らを一人の人間として尊重したいからこそ
あ〜 でも むずかしいっ 笑
色々考えつつ最近は長男に関しては口うるさい度50％くらいにとどめようと意識している
宿題以外の勉強も大事だよな……
でもラクもしたいな〜……
ウロウロ
がんばれ
手を伸ばせば助けられる距離
ここが私の現在地…
アシストしつつ最終的にやる・やらないは、本人に委ねる。
まだ習慣として身についていないことが多くあるし…
次男はもう少し関わって道筋を示したほうがいいかな
ああ悩ましい…
親も精神修行のような日々

禁止事項の多すぎる
子育て指南に
がんじがらめになると
子育てなんて
するもんじゃない
と思いさえする
う——…
でも私みたいな
人間のためにこそ
禁止事項を示して
くれているのだ
とも
感じてきた(笑)
考えすぎて
やりすぎる私にとっては
良きストッパーなのかも
ブッ…
考える育児…
きっと
一人で勝手に育ちました
みたいな顔をして
あっという間に
自分の世界を作り上げていくのだろう
それでも私は
今を大切に
今に悩んで
禁止事項に縛られて
辛くなりすぎないよう
前を向いて
子育てしていこうと思います

なんにせよ
40になっても惑いまくりな
私の気持ちなど関係なく
子どもたちはどんどん成長していく

『子育て歳時記』について

「〝子どもと一緒にできること〟を共有できる場が欲しいです！」と提案し、『子育て歳時記』という連載を始めさせてもらいました。

長男の子育ての際、「体験が大切」とはわかっていても、でもじゃあどうやって？　何をすればいいの？　というか何ができるの？　と迷ってしまった記憶があります。子どもと一緒の時間って、何もしていなくても慌ただしくて、気持ちばっかり焦ってしまって。それでも何とか、調べて、出かけて、私なりにいろんなことに取り組みました。アウトドアとは縁遠い幼少期を送った私にとって、情報源はインターネットやママ友ネットワーク。例えば、子どもと一緒にスキーをするなんて、教えてもらわなかったら絶対に思いつかなかった、出産前には考えられなかったことです。

そして、小学校受験を意識し始めてから、**〝体験からの学び〟**ということをより強く考えるようになりました。塾の先生などの話から、「一口に体験と言ってもその意味や取り組み方を考えると、こんなに楽しみが増えるんだ！」と気づき、目からうろこの思いだったことを覚えています。それまでは、体験というと何か特別なことをしなければと思っていたけれど（だから焦ることも多かったように思います）、**家で簡単にできることでも意識すればそれは立派な体験教育になるのだ**ということも知りました。

だから、**せっかくなら子どもと一緒に楽しめることを、みんなで共有できたらいいな**と思って、連載を始めました。ありがたいことに、「連載を読んで子どもと挑戦してみました！」なんてお声が届くことも。「我が家ではこんなことやってみたよ」と口コミしたがるおせっかいなママ友だと思って、読んでいただけたら嬉しいです（笑）。

おせっかいついでに、私がやってしまった失敗を最初にお伝えしておきます。

●体験を通して、子どもが何かを得ることを期待しすぎてしまったり、私主導で学びを深めようとしたりする。

一回の体験で息子たちが目を見張る成長をしたことはありませんでした。期待しすぎるのは禁物です。また、息子たちは私の〝せっかくだからお勉強〟スイッチに敏感です。あくまで彼らからの発言を待つ忍耐を鍛えるべしと心得ました。

●体験をすることが目的化してしまう。行っておくことで安心感を得ようとする。

周りの友人たちの話を聞いて、「我が家も頑張らなきゃ」と必要以上に焦ってしまったことがあります。また、ちょっと特別な体験をしなくてはいけないのではと思い込んでいたことも。いろいろなことをできなくても、じっくり取り組むことで得られるものもありますし、何より親子で「楽しい」と思いながら取り組めることが大切だなあと思いました。

●ついつい頑張りすぎてしまう。

親子で一緒に楽しめるのは素晴らしいことですが、自分の体力・能力とはしっかり相談を。子どもとのスキーで靭帯を痛め、仕事に穴をあけてしまった私の反省です。

もちろん、子どもたちに頑張らせすぎるのも要注意です。特に登山など危険が伴うこともあるので、冷静な判断を！

小学校受験のプロ・大原英子先生が考える

幼児教育から見た、体験教育の意義

はじめまして。**大原英子**と申します。

私は株式会社コノユメの代表として、小学校受験専門幼児教室『コノユメＳＣＨＯＯＬ』および小学校受験に向けた学習プログラムや親への情報を提供するオンラインサロン『コノユメサロン』を運営しています。幼児教育には13年にわたって携わり、今までに２０００人以上の親子の小学校受験をサポートしてきました。

小学校受験というと、**「詰め込み教育で子どもがかわいそう」**といった声も聞かれるかもしれませんが、小学校受験は**日常生活での学びを基盤**にし、知識や学習習慣を身につけていくことを重視しています。小学校受験を目指す取り組みには、生活の中から学びを引き出すヒントがたくさんあります。

子育て中の皆さんは、お子さんに学びと成長の機会をたくさん与えてあげたいと思っていますよね。

現代の子どもたちは、ＹｏｕＴｕｂｅや３Ｄ図鑑、ゲームなどの映像を通じてリアルな疑似体験をできる情報に触れています。これらの中には実際に自分が見たような錯覚を起こすほどの映像もありますが、それらは実際に自分で見て、触れて、体験することで得られる感覚や気づきとはまったく異

大原英子（おおはら・えいこ）

東京大学卒業後、大手通信会社勤務。その後、自身の母親が30年続けている受験絵画教室のメソッドを活かし、2011年に小学校受験専門幼児教室を創業し、徹底した分析に基づいた小学校受験教材制作や指導により、2000人以上の小学校受験生の家庭をサポート。2022年5月に株式会社コノユメを設立。私立小学校受験を目指す家庭を応援するオンラインサロンと少人数制のスクールを開校。早慶はじめ難関校に合格者を送り出す。

なります。子どもたちの**感受性**を引き出し、表現力や思考力を育むためには、**実際の体験**が欠かせません。

実は皆さんが送っている普段の生活の中にこそ、たくさんの学びの機会があふれているのです。例えば、公園に行ったとき、どのような会話をするでしょうか。時には植物や生き物に目を向け、「花びらの数って花によって違うね」「葉っぱの形も違うね」「アリは巣があるけれどダンゴムシはどこがおうちなのかな」といった**気づきや疑問を共有するだけで、子どもたちの視野が広がります**。また、親が読み聞かせをしたあと、「この本の続きはどうなるのだろう」「このときどのような気持ちだったのだろう」「お話を聞いてどう感じた?」といった会話を交わすことで、想像力や伝える力が育まれます。空を見上げて雲を見ながら「あの雲はライオンに似ているね」「今日はいつもより雲が低く感じるね」という会話から雲への興味や見立てる力が身につきます。

小学校受験で問われる子どもたちの好奇心、探究心、想像力、創造力を育むために、「日常生活」は最適な学びの場になるのです。これらの力は受験をする、しないに関わらず子どもの〝生きる力〟につながります。親子のコミュニケーションを少し工夫するだけで、普段の出来事も学びの機会となります。

子育て中の親御さんは毎日慌ただしいですよね。子育ては命を育てる仕事、大変で重要な役割です。子どもに学びの機会を増やしたいと思いつつも、なかなか時間がないと悩んでいる方も多いと思いますが、日常生活を学びの場に変え、体験や学びそのものを楽しむきっかけに変えていきましょう。そして、**親子で共に行うさまざまな体験**が、かけがえのない宝物となることを心から願っています。

ベランダ栽培のほか、レンタル畑で野菜栽培をしたことも。キュウリ、トマト、オクラのほか、葉物は小松菜や水菜、レタスなど。

家庭菜園

——親子で土に触れる時間を作る

先日我が家に、ミニトマトの苗がやってきました。

暖かくなってきたこの時期は、植物を育て始めたくなります。以前は、家族で畑を借りていたこともあったのですが、土に触れたり、植物の成長を観察したりすることは、子どもにとっても大人にとっても良い経験になりました。

必ずしもうまくいくことばかりではなく、せっかく育ったトウモロコシをハクビシンに食べられてしまったり、小松菜についた大量のアブラムシに悲鳴を上げたり。それこそ、**人間と同じで、植えれば勝手に育つわけではなく**、水やりはもちろん、真夏の草むしりなどはなかなか骨の折れる作業でした。ただその分、収穫した野菜を食

アオキのオススメ

4月前半情報

ベランダで育てるなら

ベランダ菜園で育てたキュウリが花をつけたところ。

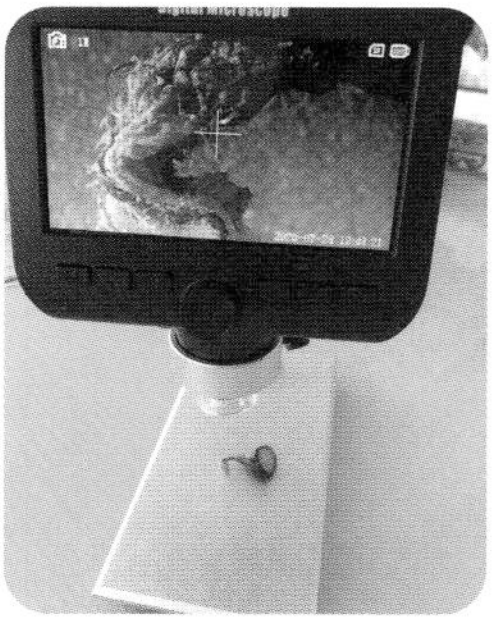

収穫後は、野菜を食べるだけでなく観察などさまざまな学びも。

オススメ①

ミニトマト　植え付けはゴールデンウィーク頃

家で実を採って食べる満足感があり、見た目にも可愛いです。とりあえず、最初は苗を買ってくるのも良いですね。土を使わずに育てるキットなどもあると思います。

オススメ②

オクラ　植え付けは気温が20℃くらいになってから

実のつき方が意外で面白いです。自分で育てたからこそ見られる花はとってもきれい！　大きくなりすぎて硬くて食べられなかったことがあります（泣）。

オススメ③

キュウリ　植え付けはゴールデンウィーク頃

黄色い可愛い花が咲きます。たくさん実がなるので育てがいもあります。

べるときは、喜びもひとしお。子どもたちも自分が育てた野菜ということで、得意顔になります（それでも、驚くほどパクパク食べてくれるとはならなかったのですが。笑）。

　畑は難しくとも、ベランダ栽培できる野菜もいろいろあります。私たちが、これまでベランダ栽培したのは、**ミニトマト、オクラ、キュウリ**など。結婚前に一人暮らしをしていたときにはベランダでゴーヤ栽培をしたこともありました。それぞれの野菜の花や葉や茎が、どんな色や形をしているかは、育てたからこそ実際に見られます。スーパーで売られている野菜を見るだけではわからないことをじっくりと観察したいですね。

　土に触れると心が穏やかになります。慌ただしい毎日の中で、親子で土いじりに夢中になる時間を持てるって、それだけでとても贅沢なことだなあと感じます。

アオキのオススメ

4月前半情報

畑で育てるなら

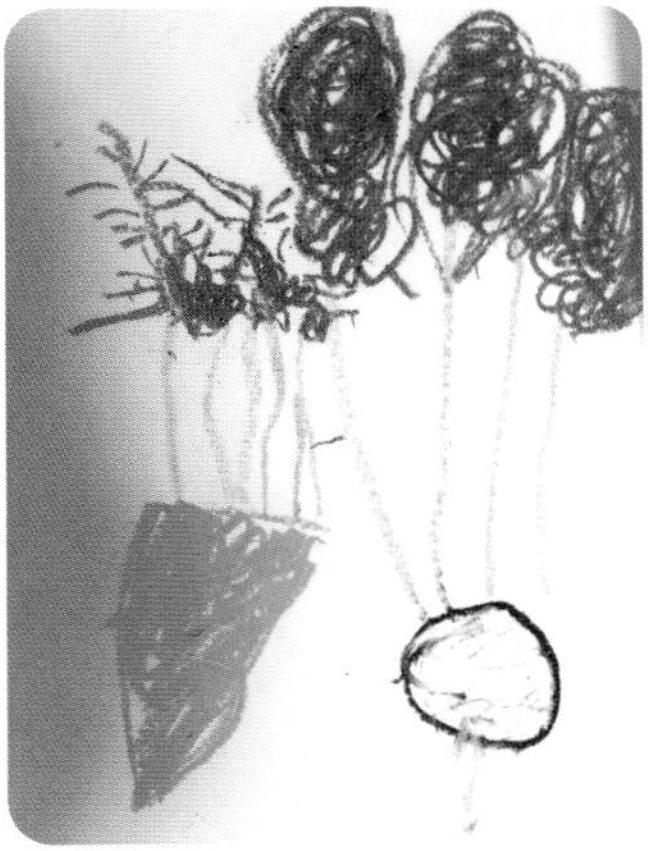

※種まきの時期は、お住まいの地域や気候によって異なります。栽培する際に、各自ご確認ください。

700種類ほどの野菜と果物を、さまざまな面から楽しく学べる一冊。
小学館の図鑑NEO　野菜と果物
2200円／小学館

川瀬良子のプランター野菜
著・川瀬良子　監修・深町貴子　希望小売価格1320円／主婦と生活社（電子版のみ流通）

〜オススメ①〜

小松菜　種まき時期は3月中旬〜10月

まずは葉もの！　たくさん採れて楽しいです。欲張ってギュウギュウに植えないことと、アブラムシがたくさんつかないようにすることが気をつけるポイントです（どちらも経験済みです。泣）。

〜オススメ②〜

ニンジン　種まき時期は3月上旬〜4月下旬

掘って収穫する野菜は、畑ならではと感じられますよね。ニンジンは収穫してすぐポリポリかじれて、甘くて、それに見た目も可愛いので子どもたちが喜んでいました。

〜オススメ③〜

スイカ　植え付けは最低気温16℃以上になってから

育てるのは難しくて、スペースも必要。それでも憧れて育てて、実がなったときの喜びはひとしお！　自分が育てたスイカで楽しむスイカ割りは一生の思い出になったと思います。

体験に勝る教育はない！　とは思うものの……

「四《し》月《がつ》」

APRIL

後半

潮干狩り

——ちょっと肌寒い海も、良い思い出に

4月後半になると私が行きたくなるのが、潮干狩りです。私自身幼いころ、家族で行ったことをよく覚えていて、息子たちも毎年連れて行っています。**みんなでたくさんの貝を探すのは宝探しのよう。**飽きてくると子どもたちは砂遊びや水遊びに突入しますが、それもそれでまた一興。

少し早めに海岸に到着するとまだ海の中だった場所が、いつの間にか潮干狩り場になっているという**潮の満ち引きに驚いたり**、持ち帰った貝を砂抜きしながら**ピューピュー砂を出す貝の様子に夢中になったり**、興味や関心を広げるにはうってつけの体験だと思います。貝を使って**料理まで一緒にすれば立派な食育**にもなりますね。

気づくとお尻をついてしまう息子たちの水着

アオキのオススメ

4月後半情報

潮干狩りへ行こう!

ステップ① **場所を決めたら潮見表を調べます。**

潮が引いて潮干狩りできる時間は毎日違います。しっかりチェックして、混雑する週末などは早めの到着を。早めに着くと潮が引いていく様子を見られます。

ステップ② **持ち物を準備します。**

貝を採るための熊手や持ち帰り用のクーラーボックスなど、事前準備をしっかりすることが快適な潮干狩りのコツです。１００円均一で買った洗濯バサミ用バケツは子ども用バケツにちょうどよかったです。

持ち帰った海水での砂抜きは、いつまでも見ていたくなります(本当は平らな容器がオススメ)。

着用は必須。その他、腰が痛くなる夫のためのチェアだったり、まだまだ濡れると冷えるので防寒対策だったり、それから、採った貝をどうやって持ち帰るかなど情報を収集して必要なものを用意しておくことも忘れてはいけません。

準備が少し手間だなあと思うこともありますが、それ以上の感動がまっています!

海へのお出かけというと、夏のイメージですが、ちょっと寒い春の海での思い出も子ども心に新鮮な記憶として残るのではないかなと思います。

ステップ③ **帰宅後、砂抜きします。**

潮干狩り場から持ち帰った海水で砂抜きをします。ピューピューと噴水のようでずっと見ていても飽きません。貝って生きているんだなーと実感でき、食育になるかも。

ステップ④ **貝を使って料理をします。**

ありがたくいただくために、子どもと一緒に料理をするのも良い経験です。お味噌汁や酒蒸しなど。熱で貝がぱかっと開くところも観察できます。

ありがたく感じる「価値観の違う夫」の存在

子育てに関して楽観的というか俯瞰的な目線を持っている夫
腰が痛くてチェア必須ですが
誘えば潮干狩りには来ます
フフ
誘えばテントで寝るし
腰が…
〜〜
Mt Fuji
誘えば富士山にも登ります
〜〜
腰…(笑)
畑作業に白いスニーカーを履いてきたときはだいぶイラッとしましたが
え？
だめ？
夫は教育に対して確固たる理念を持つタイプではないのです
オーイ
小学校受験時は…
SouYaNa〜
○○小学校いいと思うんだよね
そうやな
でも××も素敵だと思うし…
そうやな
…「そうやな」禁止にしようかな
そうや…
え!?
ウンウン
なんてこともあったが
でも時にはハッキリ
それは違う
この人はブレないのだ
ムム…
私のように「ちゃんと親にならなければ」と必要以上に焦ることもない
親も何かと気持ちがブレやすい小学校受験
あっちがよかった？
こっちが正しかった？
ヒィ
ガシッ
そうやなそれでええで
ゆら〜
夫の存在がいつも以上にありがたかった
私と何もかも違う夫。でも価値観が違うのも悪くないと思えるのです。

APRIL

23

やってみよう！

登園・登校準備は前日に

「自分のことは自分で」と言っても、子どもが最初から一人で準備できるわけではありません。まずはじめは、親が登園準備のやり方を教えながら一緒に行ってください。

「出席カード、ティッシュにハンカチ、持ち物はすべてそろっているかな」

「明日の洋服はどれにしようか」

　親としては、自分一人でやった方がよっぽど早い、と思ってしまいますが、そこはぐっと我慢。ここでの忍耐が子どもの自立につながりますよ。

　親子で準備ができるようになったら、少しずつ子どもが一人で行えるようにしていきます。親は子どもの様子を見守りながら、子どもが一人で完結できるようにサポート。一人でできそうだからといって、いきなり子どもに任せるのではなく「見守る」ということが大事です。「お父さん、お母さんは見てくれている」ということが子どもの安心感につながります。もちろん子どもが準備を頑張っている様子を褒めることもお忘れなく。

　子どもが持ち物を忘れがちであれば、壁に持ち物リストを貼るのもオススメです。また必要なものはすべて近くにまとめておくと子どもが準備しやすくなります。朝に準備を行うと、慌ただしくなり「早く、早く」と急かしたり、待ちきれずに親が手を出してしまったりしがちです。前日の夜に、翌日着る洋服や、持っていくものを準備してみてはいかがでしょう。

準備のポイント

必要なものを鞄に詰め込むのではなく、使うときの取り出しやすさを考えて準備をする
・上履きは上履き袋に入れ、着替えは巾着に入れる、など仕分ける
・本やノートを入れる際は背表紙が見えるように入れると取り出しやすい
・絵や工作などの作品を持っていく場合は、画用紙を丸めて輪ゴムで留めたり、箱に入れたりし、作品の形に合わせて持ち運べるよう工夫する

必要な持ち物を確認する
・必要なものをホワイトボードに書くなど、子どもが自分で確認できるようにする
・天気予報を確認して、雨の予報の場合は雨具を用意する

帰ってきたら「元の場所に戻す」

　片づけに頭を悩ませている親御さん、多いですよね。「片づける」というのは、「元あったところに戻すこと」。これを、子どもに教えて実行してもらうとよいでしょう。これだけで親の片づけの負担はぐんと減ります。もし、ものの場所が決まっていない場合は、ものの場所を決めることから始めてみてくださいね。

片づけのポイント

・鞄の中身をすべて出し、鞄や持っていたものを定位置に置く
・道具箱には、大きいものが下、小さいものが上になるように重ね、全体が見えるようにする
・上着をハンガーにかける

4月にやってみよう！

自立に向けた一歩を踏みだそう

４月は新しい学年に進級する季節。子どもたちが、急に「お兄さん」「お姉さん」になった気持ちになるこの時期は、「自分のことは自分でやる」習慣をつけるチャンス！　まずは身近なところから取り組んでみて。

小学校受験でも大事な「片づけ」

実は小学校受験において片づけはよく出題される課題です。小学校の授業では、プリント、ノート、教科書、定規、鉛筆、消しゴム、その他の副教材など多くのアイテムを使いながら、授業が進行していきます。また体育などは短時間で着替え、自分のものを整理しておく必要があります。小学生になる前に片づけの力を身につけておけば、小学校に入ってから「筆箱の中にあるはずの鉛筆や消しゴムがない」「必要なプリントがなくなる」ということが起こりにくくなりますよ。

試験出題例

- これから帰り支度をします。シャツとズボンをたたんで巾着袋に入れ、上履きは上履き袋に入れて口をしめましょう。折り畳み傘はビニール袋に入れてしまいましょう。クレヨンとクーピーはケースに戻して、机の上に置いたままにしてください。
- ハンガーにかけてあるワイシャツを着てください。ワイシャツを脱いで、もとのようにハンガーにかけましょう。
- これからお弁当を持って出かけます。お弁当箱を包んで、お弁当箱とお箸を巾着に入れましょう。

こどもの日

——自宅で手作り柏餅に挑戦!

5月といえば**こどもの日**です。五月人形や兜を飾ったり、こいのぼりを泳がせたり。

我が家でも、兜を飾って、屋内用のこいのぼりを出して、ショウブの花を買ってきて、こどもの日の夕飯は息子たちが好きなメニューを作ります。夜はショウブ湯にするのも忘れずに。息子たちの手にかかると、細長いショウブはすぐに剣になり、遊んでいたはずが、いつの間にか喧嘩になっているわけですが……。

さて、楽しいことがたくさんあるこどもの日ですが、**私がオススメしたいのは**、**柏餅を手作り**してみることです。何年か前に友人に誘ってもらって初めて挑戦して以来、毎年我が家の恒例になっています。難しそうに感じますが、キットも売っているので、子どもと

アオキのオススメ

5月前半情報

こどもの日は、こんなふうに過ごしています

柏餅を手作り！

ここ数年愛用しているのは、『あんこの内藤』の手作りキット！　簡単にできてオススメです。

お弁当もこいのぼり仕様に！

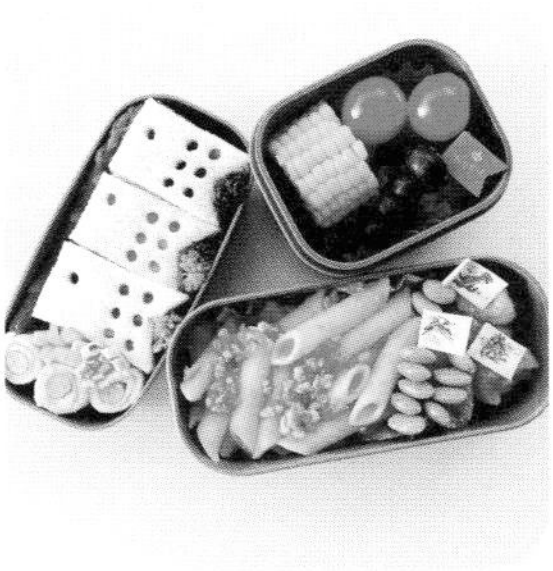

無病息災を願って、ショウブ湯

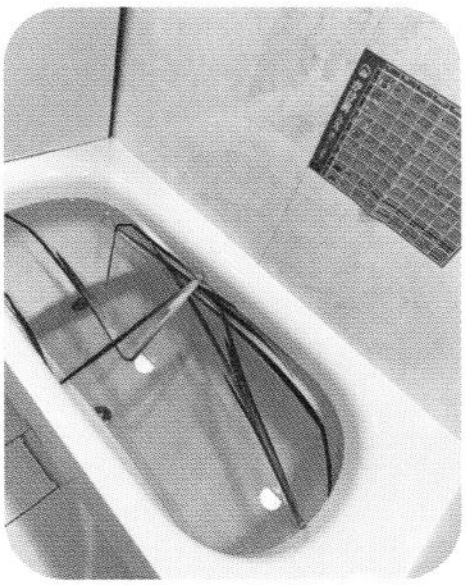

折り紙で、兜を作ったことも！

かぶってあそぼう！　超デカ　かぶとおりがみ　550円／トーヨー

株式会社トーヨー

一緒に結構手軽に挑戦できます（ちなみに私はここ3年ほど『あんこの内藤』の手作りキットを使っています。あんこがおいしいです）。

レンジを使った簡単レシピでサクッと作ってみるのも良いですし、蒸し器を使って丁寧に作ってみるのも良いと思います。市販のものを食べるときには、**何の気なしに捨ててしまう柏の葉も、表裏を確認しながら自分で包めば、〝柏餅〟の名前の由来は教えるまでもありませんね。**

子どもたちは粘土のようにコネコネしてしまうので、周りの方へのおすそ分けはやめておいた方が良いかなというできではありますが、それでもいくつか作っているうちに、だんだん包むのが上手になってくるのも楽しいところ。そして、毎年恒例にすることで、**去年より今年、今年よりきっと来年は上手になっていくという成長**を感じる機会にもなると思います。

「五《ご》月《がつ》」

MAY

後半

昆虫飼育

――学びが多い、さまざまな虫の飼育

虫が好きです（と言っても、子どもが生まれてから好きになったので、にわかです）。

今は羽化からもう3回目の夏を迎えるオオクワガタのメスと去年我が家にやってきたノコギリクワガタのオスをまったりと飼育しているだけですが、子どもたちが幼稚園児の頃はカブトムシの卵を50個以上孵《ふ》化《か》させたこともありました。

それはそれで楽しいのですが、どうしても土を使っての飼育だと、ダニやコバエとの戦いが絶えません。コバエの繁殖力というのはすさまじく、一時はカブトムシを育てているのかコバエを育てているのかわからないよ！となってしまったことも。夜ごと、戦いを繰り広げ、コバエ撲滅に至ったときの喜びといったら……。と、話がそれましたが、その点、**とても快適に飼育ができて、私がこの時期に楽しみにしているのが、アゲハチョウの幼虫飼育です。**昆虫飼育初体験という方にはぜひオススメ

アオキのオススメ

5月後半情報

アゲハチョウ以外でも……

なつやすみ虫ずかん
絵・稲田務　文・宮武頼夫
990円／福音館書店

持ち歩きやすいミニ図鑑もオススメ

昆虫（講談社の動く図鑑 MOVE mini）
監修・養老孟司 1078円／講談社

意外と楽しい
アリ飼育キットが便利！
アリ飼育キット

ふしぎの国のアリのすハウス
1980円／Gakken

身近だけどアリの生態って意外と知らないことが多い、と驚きました。巣ができていく様子は観察しがいアリ！です。

です。幼虫は黒から緑、その後蛹《さなぎ》へと変態し、その過程を観察できるので（つまり土の中などで起こるわけではないので）、**子どもたちが興味を持ちやすい**と思います。

また何より、蛹から蝶へと**羽化したときの美しさには感動**します。羽化は明け方のことが多いので、その瞬間を目撃できたことは1度しかないのですが、**子どもと一緒に夢中**になりました。今年はまた子どもたちと観察したいなあと、週末に羽化してくれることを願っています（笑）。

アゲハチョウの幼虫の餌は柑橘類の葉っぱです。もともといた木の葉っぱなどが一番だと思いますが、私は知人に幼虫を譲っていただいて、カラタチの葉やアゲハソウの小さいポットなどを購入して餌にしています。見えにくいところや、羽化する足場がなさそうなところで蛹になってしまったときなどは、紙と割りばしで〝蛹ポケット〟を作って入れると観察がしやすいです。蛹になる場所によってその色が変わるのもなかなか興味深いです。

昆虫飼育はいつもうまくいくわけではありませんが、そこから学べることはとても多いと思います。親子で楽しんで取り組めるとよいですね。

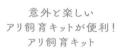

アオキのオススメ

5月後半情報

自宅には昆虫飼育棚も

カブトムシ飼育

昆虫飼育の王道、カブトムシ。成虫飼育マットには「ヒノキチップ」が私のオススメです。エサはプロゼリーだとにおわず、カブトムシが長生きする気がします。

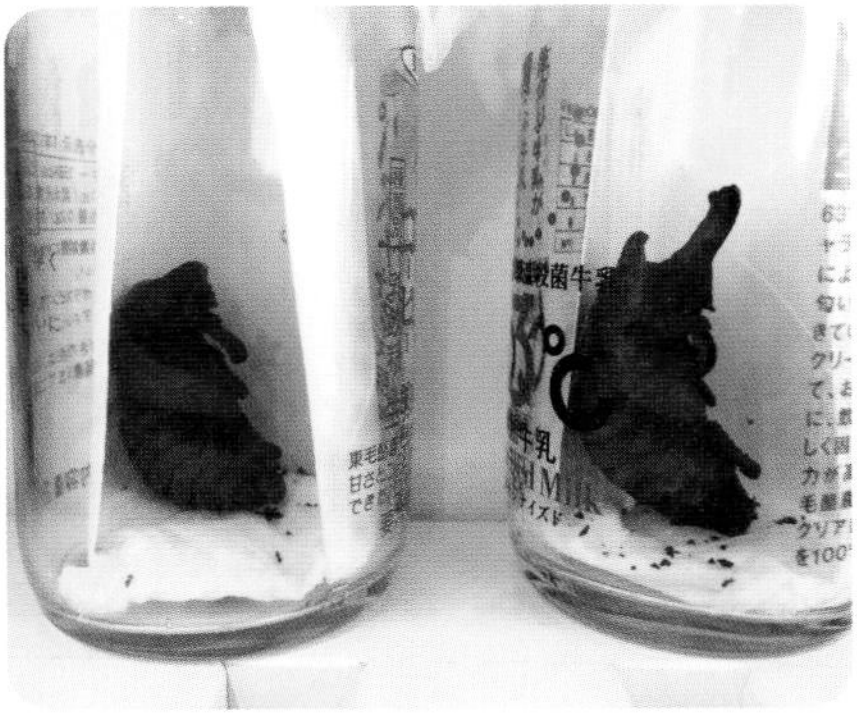

羽化を観察したい場合は……

・人工蛹室にうつす（市販のものをはじめ、紙コップやトイレットペーパーの芯などで手作りもできます）。
・観察しやすい、うすいケースで飼育。はじの方に蛹室を作ってくれないと見えないことも。
・蛹室の上部をそーっとあけてみる。

などの方法がありますが、いずれも蛹にダメージを与えないよう、注意が必要です。

昆虫飼育棚まである！ 青木さんが観察した昆虫たち

ミニ図鑑を持って出かけてみる

遠出をしなくても、学びは身近なところから。ぜひこの時期にやっていただきたいことは、ポケットに入る小さな植物や生き物の図鑑を持って出かけること。道端の雑草にも目を向けるきっかけになります。植物、昆虫、鳥類など、その日に焦点を当てたいテーマに合わせて子どもが図鑑を選ぶ、というのも良いですね。双眼鏡、虫取り網、虫かご、虫眼鏡など、観察に役立つちょっとしたアイテムを持っていくと、子どもの探究心を刺激します。

また現代はたくさんのアプリなどもありますね。『PictureThis』など、植物を写真で判定してくれるアプリをダウンロードしておくと、出かけた先々で出会った植物を記録することができます。まるで自分のコレクションのようになるので、子どもが植物に興味を持つきっかけにぴったりです。

このような取り組みをしていると、図鑑を持っていないときにも、自然と植物や生き物に目を向け、季節の変化を感じ、季節ごとに「セミが鳴き始めてきたから羽化するところを観察にいこう！」「秋だから紅葉してきたね」という会話が生まれるようになります。

『きせつカード』を使ってみる

「図鑑はまだ少し難しい」と感じる場合には、『きせつカード』がオススメです。図鑑は情報量が多く感じることがありますが、カードであれば、幼児期に親しむべき身近な“きせつのもの”を厳選しているので、楽しんで取り組めます。何といっても、カードは自由に並べ替えることができ、工夫次第でさまざまな活用ができます。

例えば、「春」に関連するカードを集めることで、桜とオタマジャクシの季節が同じだとわかります。「桜が咲いているからオタマジャクシも探してみよう」と植物をきっかけに生き物にも興味を広げることができます。

他にも、「秋に咲く花です。花びらがたくさんあります。名前が二文字のものは？」のようなクイズを使って、楽しみながら学べます。

また、カードにないものを見つけたら、自分で絵に描いて、オリジナルカードを作ってみるのも楽しいです。体験したこと、驚いたこと、初めて知ったこと、疑問に思ったこと。記憶が新しいうちに、絵に残すことで、体験の伴った学びになりますね。

きせつカード 1870円／こぐま会

幼児教育のプロ・
大原英子先生が提案！

5月にやってみよう！

外に出て季節を感じよう

暖かな日が増え、お出かけにピッタリの季節。

子どもとのお出かけは、季節の変化を学ぶ絶好のチャンスです。特に春は、花が咲き、生き物たちが元気に動きだす季節。自然の中で植物や生き物の息吹を感じることができます。親子で一緒に外に出て、身近な生き物や植物を観察してみましょう。

小学校受験では、生き物や植物に関して多く出題されます

〈試験出題例〉

・菜の花と同じ季節のお花に○をつけましょう。

・ヒヤシンスと同じ季節のものに○をつけましょう。

・幼虫のときに水の中にいる生き物に○をつけましょう（例えばトンボなど）。

・土の中で産まれる幼虫に○をつけましょう。

・蝶が幼虫だったときはどの絵ですか。○をつけましょう。

・ペンギンの足跡に○をつけましょう。

・ものを切る道具を選んでください（例えばハサミ、包丁など）。

・（長いお話を聞いてから）このお話の季節はいつですか（文章中に“ひまわり”や“コスモス”などが出てくるので、それをヒントに季節を選ぶ）。

「六《ろく》月《がつ》」

JUNE

前半

蛍観賞

——神秘的な出会いを楽しむ

私の実家は、東京寄りの埼玉県にあるマンションです。いわゆるベッドタウンで、大変便の良い地域ですが、のどかな田舎町といった風情ではありません。幼少期には野山を駆け回るというよりは、公園で遊んでいましたし、学校近くの川でザリガニ釣りをしたことはあるけれど、泥んこになって遊んだ記憶はありません。そんな私にとって、蛍というのは物語に出てくる昔の生き物といった感覚で、見に行くことができると考えたこともありませんでした。

……が！　調べてみたら、**蛍って、いろんなところで、見ることができるのですね。**自分が見たこともないくせに、子どもたちには見せたいなあなんて思いついて、初めて見たのが6年前。それから、毎年どこかに見に行っています。

雨上がりのじめじめと蒸し暑い日に蛍が舞う様は本当に幻想的で感動しますが、なかなか、ちょうどよいタイミングで見に行くことが難しいなあと感じています。梅雨時なので、見に行こうと思っていた日が雨だったり、ちょっと時期がずれて少なくなってしまったり。

でも、**その難しさが、私にとっての蛍の神秘性を高めていて、毎年の出会いへ楽しみが増す**のです。

「蛍はきれいな水があるところでしか生きられないんだよ」なんて、**環境について子どもたちと話をするきっかけになる**かもしれません。皆さんも、この時期にしか会えない特別な昆虫、蛍に会いに行ってみてはいかがでしょうか。

自然の中で蛍を探すのは難しいもの。都内なら、庭園で蛍が観賞できる『ホテル椿山荘東京』が有名。

アオキのオススメ

6月前半情報

雨でも楽しめる……梅雨のオススメ

映画鑑賞

タブレットなどで気軽に映像を観られる時代ですが、親子でじっくり映画鑑賞をする時間って意外とないのでは!? 映画館で最新のアニメを観るのもいいですが、時には名作映画を家でポップコーン片手に、というのもオススメです。ジブリ作品、『ハリー・ポッター』シリーズ、『サウンド・オブ・ミュージック』などのミュージカルもいいですね。

カタツムリ飼育

カタツムリって、食べたものの色のフンをするんです！ キュウリ、ニンジン、ナス、トマトなどの野菜や、カルシウム補給ができる卵の殻などがエサになります。

そのほか、子どもたちと雨の時期に楽しむなら……

蕎麦打ち

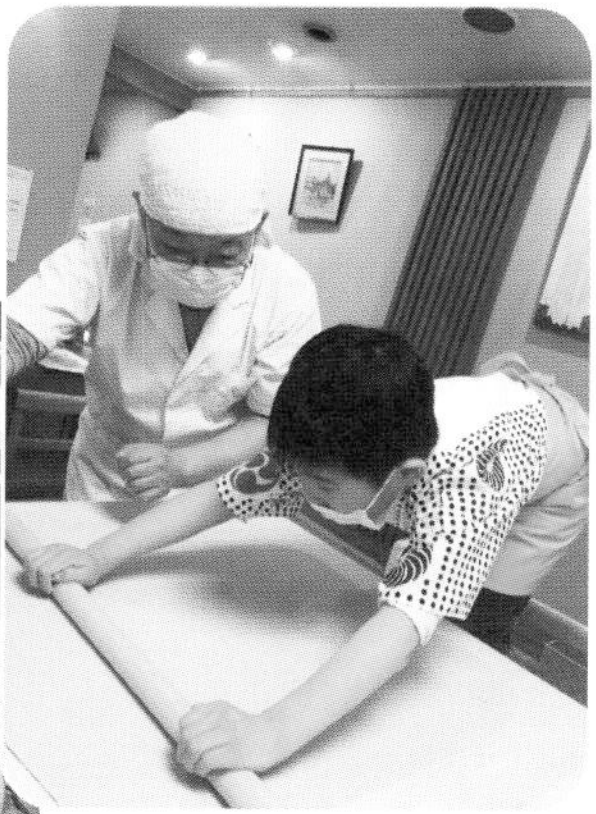

お店の方に教えてもらいながら、家族みんなで体験しました。

ごみ袋のテントと、段ボールで作ったグリルでキャンプごっこ。

陶芸

自分のお茶碗を自分で作ったら、宝物になりました。

JUNE

「六《ろく》月《がつ》」JUNE

後半

トビウオすくい

——親子で挑戦しやすいのが魅力

局アナだったころ、『サンデージャポン』という番組でたびたび釣りのロケをしました。深夜なのか早朝なのかという時間にテレビ局に入って支度を始め、日中は炎天下の暑さや船酔いと闘い、夕方に釣果は十分なのか一抹の不安を抱きつつ陸に上がり、日が落ちてから料理を作って食すというなかなかハードな仕事だった記憶があります。それでも、なんだかんだ楽しかったのは、**やはり釣りの魅力**でしょう。ロケがシリーズとして続いたのも、それだけ釣りに興味を惹かれる方が多いということだったのだと思います。

親になって、子どもたちとも海に出てみたいという気持ちがありながら、なかなか実現できていません。準備も時間もそれなりの覚悟をしなければいけませんものね。

ただ、そんな我が家でも、**家族みんなで挑戦でき**

4 5 6 7 8 9 10 11 12 1 2 3

アオキのオススメ

6月後半情報

トビウオすくい情報

トビウオすくいは…

とび島丸
住所：静岡県伊豆市小下田 2089
電話：0558-99-0159
https://tobisima.com/tobiuo/index.html
※トビウオすくいは要事前予約。
開催日程も必ずご確認ください。

宿泊するのは…

たたみの宿 湯の花亭
住所：静岡県伊豆市土肥 2849-5
電話：0558-98-1104
https://www.toi-yunohanatei.com
※漁港までの送迎などは必ず事前にご相談ください。

我が家が毎年行くのは西伊豆の土肥漁港。とび島丸さんにお願いしています。『たたみの宿　湯の花亭』で、漁港までの送迎と釣った魚を翌日の朝食にだしていただけます（※有料）。

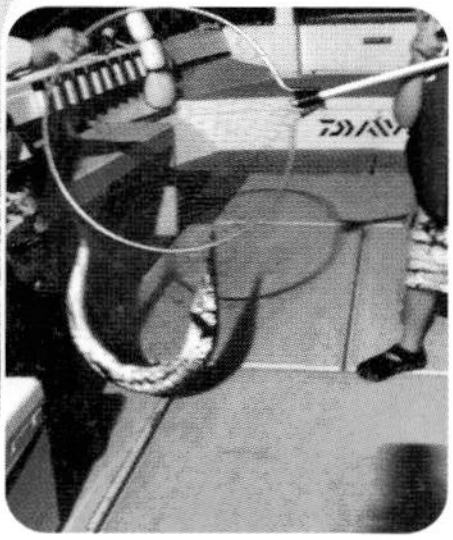

て毎年楽しみにしている〝漁〟があります。それがトビウオすくいです。私たちは毎年、6〜7月限定で体験ができる西伊豆・土肥《とい》にお邪魔しています。調べてみると、時期がずれますが、鳥取や宮崎など他の地域でも体験できるところがあるようですね。出航が19時過ぎで、所要時間は2〜3時間です。夜の体験なので翌日の予定は考慮が必要ですが、短時間なので子どもと一緒に体験しやすいと思います。

何より、海上を飛んでいくトビウオの姿は圧巻です。キラキラと美しいし、かっこいいし、何度見ても感動します。捕まえたトビウオを見てもその翼のような胸びれに感心しますし、お刺身にして食べてもおいしくて、印象に残る体験になること間違いないと思います。親子で心から頑張ったり、感動したりする経験は子どもの心に強く残るのではないでしょうか。

毎年出かけて、「今年は何匹すくえるかな」と家族でワクワクできるのも、季節の楽しみ方だと感じています。皆さんも夏の初めのお出かけ候補にぜひ入れてみてください！

長男の作文が
○○が楽しかったです！
完!!
もっと…もっとあふれ出す思いはないのか…
というコトがよくあって…
というわけで…
「伝える」為の自分の言葉を会得するにはインプットと共にアウトプットも必要なのだろう
この間も「楽しかった」って言ってたけどそのときと比べてどう？
“会話”でアウトプットをアシスト
このありきたりな表現を脱するのに
やはり「実体験」は大事だと思う
心から頑張って感動した体験が、豊かな表現につながる。
しかし先日…
大人って「アレ」ってよく言うよね
アレアレ
あー えっとー この間のアレ
あーアレしといてー
ドキーッ
だが…
釣りが楽しかったです！
再び完っ
読む、書く、話すは違う
長男は読書好きなのに…
表現の語彙はそれだけでは充実させられないようで
作文やっぱむずかしー
何書けばー…
わかる…
自分も連載原稿苦しんでるとこだったりして…
白紙
ぎゅっ…
大人の語彙力も日々精進です…
共にがんばろ…

JUNE

実際に触れてみよう。お子さんはいろいろなものを触れますか

例えば、野菜を触った感覚。トマトはつるりとしていますし、キウイには毛がありますね。絵本で見ていたとしても重い、毛がかたいなどは、子どもが実際に持ったことによる感覚です。また家庭菜園での植え付け、収穫体験などもオススメです。大根や芋など、タネや苗を植えるときの、指で土に触れた感覚、収穫するときの引っ張る重さ、土や植物、肥料などの匂いなど。「うわー、思ったより重いね」「土ってこんなにふんわりしているの？」「肥料ってどんな匂い？」こんなふうに、感じたことを言葉で伝えあいましょう。

オノマトペを使いこなす

皆さんは「オノマトペ」を使っていますか。オノマトペとは、いわゆる擬音語や擬態語など様子を表す言葉のことです。

しくしく泣く、さめざめと泣く、わぁーっと泣く……。「泣く」という行動も様子を表す言葉を付け加えると、その言葉によって聞き手が思い浮かべる様子はまったく違いますよね。あるいは「ひらひら」「ふわふわ」「きらきら」「つるつる」……さまざまなオノマトペがありますが、たとえば小学校受験の場では「きらきら」と聞いて思い浮かべるものを絵に描かせる、という課題もあります。オノマトペを使うと、伝えたい内容が詳しく伝わるだけでなく、よりリアルに映像化できることもあります。「ひらひら」と聞いて思い浮かべるものをたくさん言っていこう！　というゲームなども、簡単にできて楽しめますよ。

毎日の出来事を話すときのポイントを伝える

「今日は何をしたの？」と聞くと、「折り紙」と単語で答えが返ってくることがあります。親は子どもの言いたいことをくみ取って理解できるので、「へー、誰と？」「はなこちゃん」「何を作ったの？」「鶴」「すごいね！」「うん」と、単語での会話になりがちです。毎日の会話を「文章で話す」ように意識していくと、話す力が高まっていきます。年少は1文。年中は2文。年長は3文で話してみましょう。以下のように話すと、誰でも簡単に詳しく話すことができます。

1文目　いつ、どこで、誰と何をした

今日、僕は（私は)、幼稚園（保育園）で、はなこちゃんと折り紙をしました。

2文目　一番伝えたいこと

鶴を折るのは難しかったけど、教えてもらって頑張りました。

3文目　気持ちや次に向けた目標

折り紙が大好きになりました。今度は妹にも教えてあげたいです。

このように3つに分けると、小さな子どもでも文章を組み立てやすくなります。大人になると、人との関わりの中で言葉によるコミュニケーションの重要性が高まります。スムーズなコミュニケーションで、良好な人間関係を築けるよう“伝える力”を身につけたいですね。

幼児教育のプロ・
大原英子先生が提案！

6月にやってみよう！

感じる力と伝える力を伸ばそう

「最近お出かけしたところはどこ？」という質問には答えられるけれど「お出かけしたときに、どのようなことが楽しかった？」と聞くと、答えられない子が実は多くいます。出かけた場所という“事実”は答えられるけれど、楽しかったという気持ちは表現しづらいようです。

子どもたちには、五感を通じて感じたことにもっと興味を持ってほしい。そして、どのように思ったか、驚いたのか、怖かったのか、うれしかったのか、ワクワクしたのか……、自分の気持ちを表現できるようになってほしいと思いませんか。

小学校受験では、感じたことや様子を体や言葉、絵画などで表現します

〈試験出題例〉

- ドキドキ、ワクワクするときの絵を描きましょう。
- 「やった、僕ってすごい」と思ったときの絵を描きましょう。
- 「ねばねば」を体で表現してみましょう。
- これから先生が言う様子を体で表現してください。あなたは「種」です。土に植えられました。芽が出ました。大きく成長してきました。風が吹いてきました。きれいな花が咲きました。
- 何か生き物を育てたことはありますか。その生き物を育てて感じたことを教えてください。

「七《しち》月《がつ》」

JULY

前半

花火大会
——夏の風物詩を満喫したい！

さあ、夏です！　いよいよ夏休みですから、そろそろ細かい予定を立てなくてはと思っています。コロナ禍ではさまざまなイベントが中止されていましたが、そろそろ各地のイベントも再開し始めましたね。**夏祭り**、**盆踊り**、**花火大会**、**海の家**もオープンしそうです。**夏の風物詩**を余すところなく満喫したいものです。

　幼児期を長いコロナ禍で過ごした子どもたちにとって、これらのイベントはどれもとても新鮮なものかもしれません。小学校２年生の次男は、**お祭りの屋台**ってどんな感じだったか忘れていたり、**お神輿《みこし》**なんて映像の中でしか見たことがないと思っていたりしたようです。幼稚園年少時までは毎年見ていたのですけど、確かに3歳のときの記憶なんてな

アオキのオススメ

7月前半情報

やるべきことの可視化

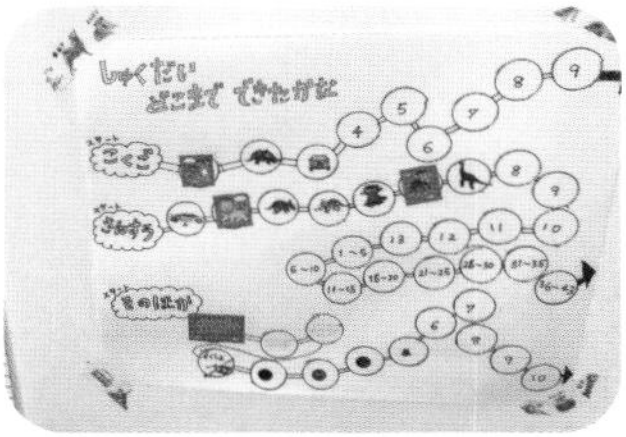

夏休みは“やらなければいけないこと”や“やりたいこと”がたくさんあります。特に宿題などやらなければいけないことは、書き出して「見える化」することが大切かなと感じています。それも、
算数ドリル：1ページ〜10ページ
という書き方ではなく、
算数ドリル：1、2、3、4、5、6、7、8、9、10
と分量がわかる書き方を意識しています。小学校高学年までには予定表を自分で作成できるようになってほしいなあと思っています。

かなか残っていないですよね。

中でも、私が今年久しぶりに見に行きたいと思っているのが、**花火**です。手持ち花火も楽しいけれど、打ち上げ花火を間近で見る迫力を子どもたちと一緒に味わいたい！ 以前は「音が怖い〜」なんて言っていた次男ですが、きっと今はたくましくなっているはず。有名な花火大会は人が多すぎて出かけるのも一苦労ですが、**探してみるといろいろな花火大会がある**ので行きやすいものを見つけて行こうと思います（伊東温泉の花火大会は、開催日が多いので比較的人混みが分散されて何度か行ったお気に入りです）。

にぎやかに鳴くセミの声、涼しげな風鈴の音色、寄せては返す波の音、盆踊りの音頭、そして、迫力満点の花火の音。たくさんの夏の音を集める体験をしたいと思います。さて、その前に1学期を悔いなく乗り切れるよう、少しだけ気合を入れようと思います！

皆さんも楽しい夏休みをお迎えください。

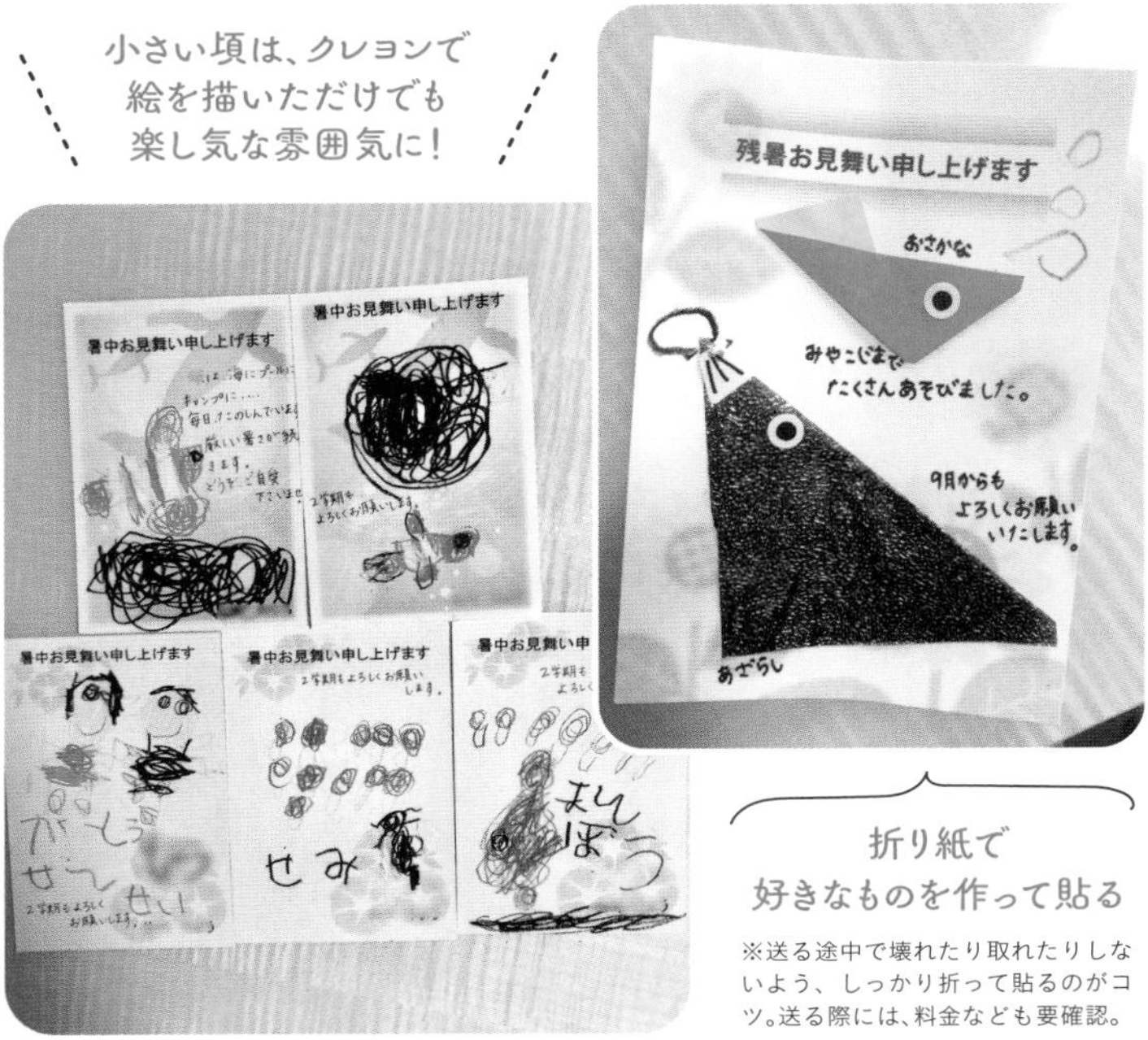
暑中お見舞い申し上げます
暑中お見舞い申し上げます
暑中お見舞い申し上げます
暑中お見舞い申し上げます
残暑お見舞い申し上げます
おさかな
みやこじまで
たくさんあそびました。
9月からも
よろしくお願い
いたします。
あざらし

小さい頃は、クレヨンで
絵を描いただけでも
楽し気な雰囲気に！

折り紙で
好きなものを作って貼る

※送る途中で壊れたり取れたりしないよう、しっかり折って貼るのがコツ。送る際には、料金なども要確認。

暑中見舞い

——送る相手のことを考えて作る

夏休みが始まります。

ワクワクする気持ちがある一方で、体力勝負になる（であろう）日々に戦々恐々としてもいます。すでに猛暑日が続いていますから、計画をたてようにも心も体もついていかない、といった日も少なくないですし（笑）。

そんな中で、**楽しい日々を前に子どもと一緒にしっかり取り組みたいのが、暑中見舞い**です。毎年、幼稚園の先生や学校の先生、仲の良いお友だちにはがきを書きます。立秋の前日までですから、夏休みに入ったらすぐに書き始めることになります。気をつけていないと忘れそうになることも。「お変わりありませんか」も何も最近まで会っていたけれど……という気持ちにもなりますが、それでも、やはり、**送る相手のことを思いながら言葉を紡ぐ**

細かい作業が
できるようになったら、
ちぎって貼って……に挑戦！

おさかな
しょちゅうおみまい
もうしあげます
9月からも母子共々
よろしくお願いします

アオキのオススメ

7月後半情報

はがきの描き方もバリエーション豊富！

※立秋の前日（8月7日頃）までに届かないようであれば、それ以降は「残暑見舞い」として8月末までにお送りします。

ざんしょおみまい
もうしあげます

息子が好きな
昆虫をいろいろ
描いたことも

時間というのは何にも代えがたい時間です。

折り紙をちぎって朝顔の形に貼ってみたり、家で飼っているクワガタやカブトムシを描いてみたり、**野菜のスタンプを押してみるのも良い**ですね。ちなみに野菜スタンプは、我が家ではオクラやピーマンの切れ端をよく使います。枝豆の皮もよさそうです。楽しいですし、**切り口の形を学ぶ**こともできます。すてきなはがきにするために**工夫しながら学びにつなげていけたら一石二鳥**です。

小学生になってからは、宛名を自分で書くようになり、それがなかなかひと仕事です。でも、インターネットで簡単に連絡が取れてしまう時代に、**気持ちを届けるために苦労するなんてそれはそれで貴重な経験**だとも思うのです。

年賀状もデジタル化・効率化の時代ですが、子どもの教育という意味では、ちょっと手間がかかる（とも感じる）習慣も大切にしていきたいと思っています。

面接

・今行きたい場所を教えてください、そこに行って何をしたいですか。

・（魚釣りゲームをしたあとに）自分が魚釣りに行くなら誰と行きたいですか。

・お弁当を持って家族で出かけた場所はありますか。

・お出かけはどんな所へ行きますか。

・家族のお出かけで心に残った場所はどこですか。

やってみよう！

お出かけ前には、行き先の場所や名産を調べる

親は「子どもに普段できない体験をしてほしい」と願いを込めて旅行の計画を立てますが、ただ楽しい時間を過ごすだけでなく、せっかくなら記憶に残る旅行にしたいですよね。

そこで、ぜひやっていただきたいことは、お出かけ前に一緒にしおりを作ること。まだ字が書けないお子さんでも、相談しながら作れば、子どもがやりたいことを主体的に考える経験になります。与えられた場ではなく自分が関わって作り上げることで、期待感も高まるでしょう。

手の込んだものでなくても大丈夫。右の５点をまとめてみると良いですよ。

・お出かけのテーマ
・行き先の情報
・やりたいこと
（見たいもの・食べたいもの）
・スケジュール
・持ち物

「お出かけのテーマ」は難しく考えることはありません。博物館などの近場であっても、特に見たいもの、調べたいこと、知りたいことなどをテーマにしましょう。事前に考えておくと、実際に行ったときにより興味を持つことができます。

帰省なら「畑仕事の手伝いをして、料理を一緒に作る」「しばらく会えていなかったおじいちゃん、おばあちゃんに、会えなかったときの写真を見せてそのときの様子を話す」などのテーマを親子で考えてみましょう。子どもの中に小さな目標が生まれます。親は「お話をする練習をしてみようか」と促したり、料理を作る練習の機会を設けてあげるなどのサポートを。テーマに向けた準備がスキルアップにもつながりますし、目標を達成したことで子どもの成功体験につながります。

帰ってきたら、思い出を学びに変える時間を持つ

体験をすると、驚いたこと、初めて知ったこと、疑問に思ったこと、いろいろな感情が残りますよね。記憶が新しいうちに、絵に描かせてみてください。絵に描くということは、思い出のハイライトの瞬間を切り取るということです。「何をしたことが楽しかったのか」「どのような場所だったのか」「なぜ一番印象に残ったのか」などを考えながら描くことで、思い出が学びの伴った体験に変わります。

幼児教育のプロ・
大原英子先生が提案！

7月にやってみよう！

夏休みは、しおりを作って出かけよう！

親としては、子どもと過ごすせっかくのお休みに「何とか楽しい体験を」「暇を持て余すことなく時間を有意義に」と考えて、とにかくたくさんのお出かけや遊びの予定を立てて時間を埋めることを考えがち。

実は、一つお出かけの予定を決めたら、お出かけの前後にやることはたくさんあるのです。お出かけ前後を丁寧に過ごすだけで、同じ経験が子どもの成長の機会になります。親は子どもの体験のプロデューサー。この夏は、「体験を学びの機会にする」という観点で工夫してみませんか。

小学校受験では、お出かけにまつわる経験を聞かれることがたくさん

〈試験出題例〉

絵画

家族で出かけたときの様子を描きましょう。
→ただ遊んでいるだけでなく、どのようなことが楽しかったのか、驚いたことは何か、など印象的だった特別な体験を子どもなりの観点で描けることが大事です。

お出かけに持っていきたいものと行きたい場所を描きましょう。
→持っていきたいものを選んだ理由と、それをどのように活用するかを説明できるか、がポイントです。考え方としては２つ。以前訪れた際に、あると良かったなと思うもの。もしくはこれから行きたい場所、そしてそこでやりたいことに必要なもの。どちらもすぐに考えるのは難しいですね。

「八《はち》月《がつ》」

AUGUST

前半

朝顔の花で色水実験。色が綺麗！　この写真で伝えられないのが残念！

科学実験
——暑すぎる日には、家で楽しもう

毎日うだるような暑さですが、皆さんいかがお過ごしでしょうか。こう暑いと外に行くこともなかなか難しいですね。人間だけでなく、我が家のベランダの植物たちも、ここまでの日差しにはうんざりといった様子。なかなか朝顔がつぼみを付けないので心配しています。

さて、そんな朝顔、花が咲いたら皆さんはどんなことをしていますか？　その美しい姿を写真に収めたり、観察して絵を描いたり。さまざまな楽しみ方があると思いますが、**私のオススメは色水実験**です。

コロナ禍で家から出られなかったとき、子どもたちと**家で楽しみながら学べることはないかな**と考えて、簡単な科学実験をいろいろ試してみました（ちなみに主に参考にしたのはメイツ出版の『小学生のおもしろ科学実験　新版　身近なふしぎを発見！』です）。

空気砲を作ったり、楽器を作ったり、ゆで卵を瓶

4 5 6 7 8 9 10 11 12 1 2 3

に**吸い込ませてみたり**。それらがとても楽しかったので、夏休みに朝顔の花が咲いたときにも「何かできないかしら」と考えて、色水を使った実験に取り組んでみたのです。これが本当に楽しい。家にある材料でできて**準備が簡単**だし、**結果がわかりやすい**し、それに**時間がかからない**。子どもと一緒に取り組むのにうってつけです。

我が家では、レモン汁と重曹で実験しました。幼い子どもにはどうして色が変わるか**理解できなくても**、きっと実験をしたことは**心のどこかに残って**、いつか「あっ、あのときの！」となるはず……。朝顔の花から色水を作るだけでも面白い実験だと思いますよ。

一生懸命育てた朝顔を使って、涼しいお部屋の中で、お子さんと一緒に夏ならではの学びに取り組んでみてはいかがでしょうか。

そうそう、理科と言えば、今年はワークショップで昆虫標本を作ってきた子どもたち。初めての経験で、標本の乾燥に私が四苦八苦しています。**名もなき家事ならぬ、名もなき教育に振り回される夏**、なのです。

アオキのオススメ

8月前半情報

実験の本

理科がもっと好きになる！
小学生のおもしろ科学実験 新版
身近なふしぎを発見！
著・キッズ科学ラボ
1650円／メイツ出版

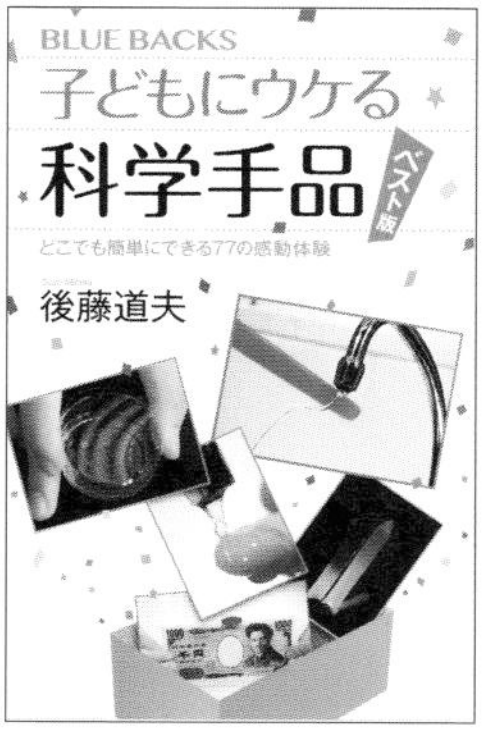

子どもにウケる科学手品
ベスト版 どこでも簡単にできる77の感動体験
(ブルーバックス)
著・後藤道夫 990円／講談社

アオキのオススメ

8月前半情報

暑すぎる日の
屋内での過ごし方

プラレールで回転ずしごっこ

折り紙でおすしや
お弁当作りも！

段ボールを
活用して
舟や家を作って
遊んだことも

どうせなら勉強につなげたくなるけれど……

八《はち》月《がつ》

AUGUST

後半

静岡、山梨、栃木など、関東近郊でも簡単に楽しめるのがグランピング。

キャンプ

――グランピングやコテージ泊でもOK！

夏休みも終盤ですね。宿題は終わりましたか？

さて、今回は夏の**アウトドアの定番**、**キャンプ**についてです。我が家も大好きなキャンプ！　自然の中で過ごすのは、気持ちが良いし、子どもたちにとって学びも多いので、毎年どこかに行っています。とはいえ、上級者ではなく、テントやタープは持っているものの、**コテージ泊**などにすることも多いです。設営作業は好きなのですが（ちなみに、テント設営担当は私と長男です）、天気のことなどを考えて、我が家のテントを使うのは年に一度あるかないかといったところです。

近年のブームで**さまざまな形態の施設が増えたので**、**それでも十分キャンプ気分を楽しめる**のですよね。セットアップテントサイト（テントが常設の施設）も良いし、グランピングではホテルと同様の快適さで過ごせる施設もあります。コテージ泊やトレーラーハウスでも、（必要な場合は）寝袋や焚き火台、ツーバーナーなどの、キャンプギアだけを持って、**手軽にアウトドア**を楽しんでいます。

本格的なキャンパーの方には邪道と言われてしまうかもしれませ

んが、気軽な子連れキャンプでも〝**ホテルに泊まって、レストランで食事をして〟という旅行とは違った魅力**があります。

アウトドアとは縁遠い幼少期を送った私は、親になってから初めてキャンプに挑戦しました。ですから、子どもたちと同じように、**外で寝ることや火をおこすことに新鮮な高揚感**を感じました。さらに、**楽しいのはもちろんですが、ちょっと逞しくなれた気**がしたのです、私が。子どもたちも少なからず、同じような感覚を抱いているでしょう。

今や、**お受験家庭にとって必修教科のようになっているキャンプ**ですが、きっとこうした感覚が子どもを成長させ自立につながるのだと感じています。せっかく行くのなら、**子どもたちにも役割を与えて**〝家のように何でもそろっていなくても自分たちで生活ができた〟と実感できるとよいですね。食材を洗う、切る、薪を集める、うちわであおぐ、寝袋を広げる、片づけるなどなど。**日常生活とは違う役割**がたくさん見つけられると思います。

また、キャンプ場では、普段の生活以上に節度を持った行動が求められると思います。頑丈なドアも鍵もないテントで、安心して休めるのは、お互いを信頼しあう気持ちがあってこそ。**自然の中で開放的になりつつも周囲への気遣いを忘れない姿勢**こそが、アウトドアには必要ですね。

空間認識能力を鍛える

小学校受験ではこのような立体の問題が出題されますが、得意な子と不得意な子が大きく分かれる分野です。得意な子はレゴが好きな子が多い印象です。レゴで立体を組み合わせることで「空間認識能力」が鍛えられているのだと思います（「空間認識能力」とは、小学館のデジタル大辞泉によれば「三次元空間における物体の状態や関係（位置・方向・形状・姿勢・間隔・速度など）を、すばやく正確に把握する能力」）。

オススメおもちゃ

マグ・フォーマー

三角・四角・五角形などさまざまな形をしたピースがあり、磁石で簡単にそれらを組み合わせて形を作ることができるおもちゃです。簡単にはずすことができ、展開図なども自然と理解できるという点も素晴らしい。

賢人パズル

カラフルな７つのブロックで立方体を作ります。テトリスの立体版というところでしょうか。テキストブックをもとに遊んでもいいですし、立方体を作らず、組み合わせていろいろな形を自由に作っても楽しいです。

戦略思考を鍛える

○×ゲームを知っていますか。三目ならべとも言いますが、縦横３×３のマス目に○と×を書いて、縦や横や斜めで先に１列揃った方が勝ちというゲームです。簡単ですが、相手の行動の予測をしたり、全体を見てどのように自分が書き入れると良いのか、選択を考えるのにぴったりです。紙とペンさえあればどこでもできるので、病院の待ち時間やちょっとした隙間時間にできます。このように相手の出方を推測する、自分の最適な動きを考える、というのはとても頭を使います。

オススメおもちゃ

コリドール・キッズ

フランスで生まれたボードゲーム「コリドール」のキッズ版です。チーズが置いてある向かい側まで自分のネズミを進め、チーズを獲得するゲーム。ネズミを１マス進めるかフェンスで相手の進路を邪魔するかを選択し、自分のネズミを早くゴールに進めチーズを取りに行きます。相手をブロックする際にもどこにフェンスを置くとより効果的なのかなど、頭を使うので親子で楽しめます。

思考力、集中力も養われますし、遊んでいる中で、ゲームに勝ったり負けたり、悔しかったり嬉しかったり等を繰り返しながら、気持ちへの対処方法も学んでいきます。子どもにとっては、遊びが成長の場ですね。

幼児教育のプロ・大原英子先生が提案！

8月にやってみよう！

子どもが伸びる！オススメの遊びやおもちゃ

子どもたちは遊ぶのが大好き。毎日の遊びの中からたくさんのことを学びます。

机に向かって勉強することももちろん大事ですが、楽しく遊んで、さまざまな能力を身につけられたら、最高ですよね。暑すぎて外で長時間遊ぶことが難しい日でも、家の中でできて、学びにつながる遊びを紹介します。

小学校受験ではこのような問題が出題されます。皆さん答えられますか？

Q1

上の部屋の積み木を矢印の方向から見ると、どのように見えますか。下から選んで、絵の下にそれぞれのしるしを書きましょう。（1分）

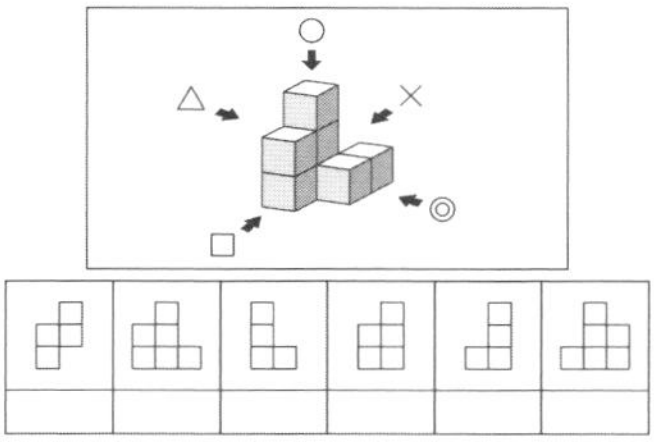

【解答】

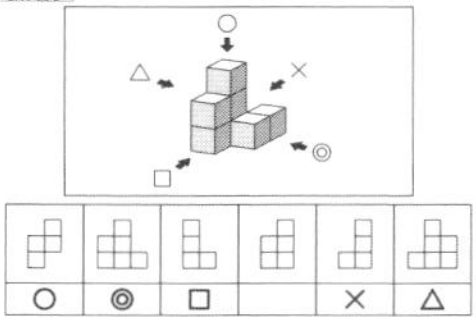

Q2

左の部屋の２つの積み木の面と面をぴったりくっつけて、形を作ります。作ることができる形を右の部屋から選んで、○をつけましょう。積み木は回して考えても良いです。（1分45秒）

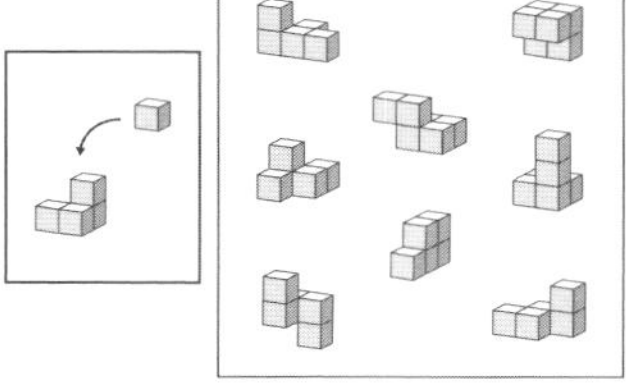

【解答】

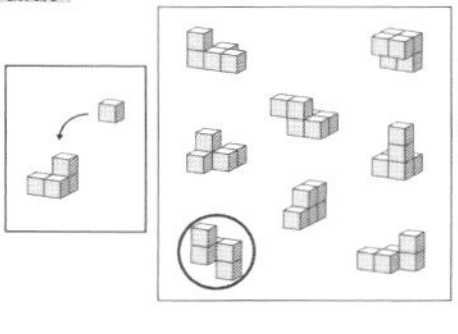

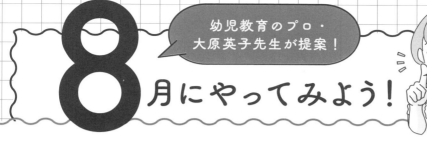

家族で楽しめる4ボードゲーム

何でもない日でも家族みんなでテーブルを囲んでゲームをすれば、大人も子どもも夢中になって特別な時間を過ごすことができます。みんなで画面に向かうテレビゲームも楽しいですが、向かい合ってお互いの顔を見ながら遊ぶことで、それぞれの表情までが思い出に! 単純なものからちょっと頭を使うものまで我が家のお気に入りをご紹介します。

マンカラ・カラハ　改定版

8歳〜

小学校受験の面接にて、
「お母さんと何をして遊びますか？」と聞かれて、
「マンカラ・カラハです」と答えたのは我が家の次男です（笑）。
それくらいハマったゲームです。2750円／幻冬舎

ジーニアス　スター

8歳〜

一人でやるイメージの強いパズルですが、
これは勝負ができるパズルです。
焦る気持ちを静めることも勝負の秘訣です。
2640円／カワダ

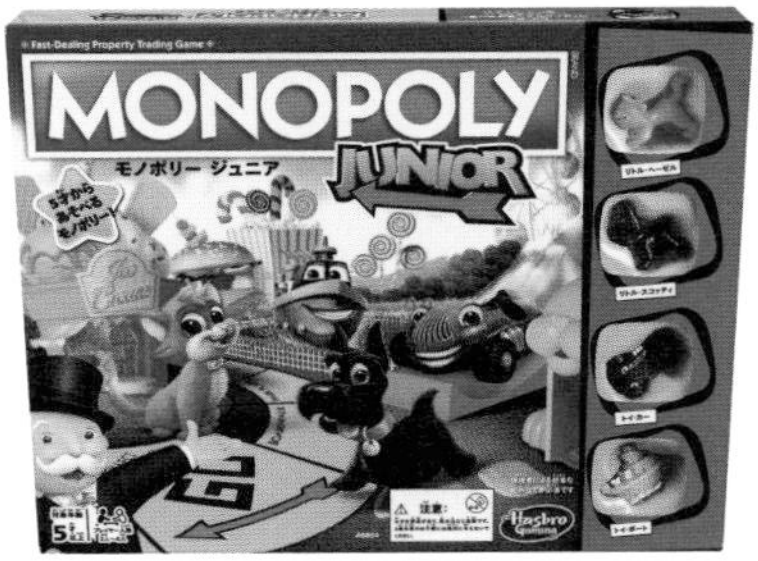

モノポリー　ジュニア

5歳〜

モノポリーの超入門編。子どもにも
分かりやすい簡単なルールで、
遊びながらお金について学べます。
オープン価格／ハズブロジャパン

ウノ　フリップ

7歳〜

言わずと知れた定番ゲームもバージョン違いで新鮮に楽しめます。持ち歩きに便利なので、旅行などに持っていくのにも重宝しています。
1210円／マテル・インターナショナル

COLUMN

青木裕子が受験について考えること①

受験で感じる、イマドキの「親の大変さ」

私にとって受験とは、偏差値との闘いでした。どんな学校に通いたいか、ましてや将来どんなふうになりたいかなんてことを考えるより前に、まず自分の偏差値ならどの学校に行けるのかばかり考えていた気がします。

高校受験と大学受験しかしていないので、学校選びも、書類の手続きの多くも自分で行いました。

とはいえ、長女でしたからそんなに選択肢があったわけではなく（学費のことなど考慮する必要があったため）、それほど迷った覚えはありません。

高校受験では中学3年生の3学期だけ、大学受験では高3の1年間、塾に通わせてもらえたので、そこで自分の偏差値と偏差値表を見比べて効率よい受験の仕方を考えるといった感じです。

それはそれで、私にとっては嫌なことではなくて、むしろ、数字を上げることだけを考えるのは性に合っていました。

だから正直に告白すると、息子たちを見ていて、「私にはできないなあ」と思うことがたくさんあります。何せ、選択肢が多すぎます。

それはとても良いことのようで、「勉強できるだけじゃダメ」なんて、実はとても大変なことだと思うのです。

我が家もですが、小学校受験をして一貫校に子どもを通わせていても、イマドキ「これで学歴はある程度保証されたから人生安泰」と思える親って、ほとんどいないのではないかしら。

どんな道を選んでも〝間違いではない〟時代は、どんな道に進んでも〝絶対の保証がもらえない〟時代だから、それぞれが考え続けなければいけません。

そして、小学校受験にせよ中学受験にせよ、子ども自身が、その多すぎる選択肢に気づくことはできないと思うから、そこは親の仕事なのだろうと思うのです。

押し付けちゃいけないけど、選択肢は提示しなくてはいけないし、決めたことは全力で応援するけど、プレッシャーをかけちゃいけないって、イマドキの子どもも大変だけど、つくづくイマドキの親も大変ですよねって思います。

中学受験のプロ・矢野耕平先生が解説！①

体験教育って、中学受験にもつながります

中学受験専門塾『スタジオキャンパス』を設立し、『令和の中学受験 保護者のための参考書』（講談社＋α新書）の著者でもある矢野耕平先生は「塾は学力を伸ばす場ではあるが、じつは塾通いを始める前から学力差は存在している」と語る。その〝学力差〟を生むものは何なのか。〝学力が高い子〟に育てるためにはどうしたらいいのか。矢野先生が考えるポイントを教えていただいた。

矢野耕平（やの・こうへい）

1973年東京都生まれ。中学受験専門塾『スタジオキャンパス』代表、国語専科『博耕房』代表。指導担当教科は国語と社会。中学受験指導歴は今年で29年目を迎える。現在は社会人大学院生として博士後期課程に在籍し、言語学をベースに学齢児童の言語運用能力の研究に取り組んでいる。著書に『令和の中学受験 保護者のための参考書』『令和の中学受験2 志望校選びの参考書』（ともに講談社＋α新書）など12冊。最新刊は『わが子に「ヤバい」と言わせない 親の語彙力』（KADOKAWA）。中学受験や中高一貫校、国語教育などをテーマにした連載記事を担当し、これまでにオンラインメディアの記事を300本以上執筆。X（旧 Twitter）アカウントは @campus_yano

わたしは小学校受験の指導者の方と意見交換をしていて、驚いたことがあります。

小学校受験対策で塾が実践していること、保護者が意識して取り組んでいることの数々は、中学受験の「算数」「国語」「理科」「社会」の基盤になるものばかりだったからです。小学校受験をしなくても、子どもの「学び」を意識されている家庭においては同様のことがいえるでしょう。

たとえば、中学受験をスタートする場合、その前の準備段階として、保護者には以下のことを実践してほしいとわたしは考えています。

算数

❖スーパーなどで（キャッシュレスではなく）現金のやり取りを見せましょう。

❖日常生活の中で触れるさまざまな「単位」と、その量を意識させましょう。

❖パズルで平面図形、積み木（レゴブロックなど）で立体図形を認識する感覚を身につけさせましょう。

❖計算の技術やちょっとした計算上の工夫をさせましょう。

国語
❖わが子を子ども扱いせず、大人のことばで遠慮なくたくさん語りかけましょう。

❖わが子の話に耳を傾けましょう。たくさん話をさせましょう。

❖親子で交換日記(50字程度)をしましょう。毎日が理想ですが、週1回でも構いません。継続が大切です。

❖短編でよいので、読書する習慣を身につけさせましょう。

理科
❖スーパーで野菜や果物、魚介類などを観察させ、また「旬」を教えましょう。

❖わが子の「なぜ」「何」に付き合い、わからなければいっしょにネットなどで調べましょう。

❖外遊びに連れ出しましょう。石や草花の観察、星や月の観察などをさせましょう。

❖小学校1年生・2年生の「生活科」（学校の授業科目）での学びを大切にしましょう。

社会
❖学校に行く前（朝）にニュース番組を見る習慣をつけさせましょう。

❖ニュース番組では特に天気予報が大切です。地名や各地域の気候の特徴などを学べます。

❖旅行に出かける際には地図を持って、それをいっしょにながめて簡単な説明をしましょう。

❖博物館などへ積極的に出かけましょう。


「なんだか当たり前のことばかりだな？」と思われた方はいらっしゃいませんか？

しかし、この当たり前のことを「貫徹」するってなかなか骨が折れると思うのです。

そして、この当たり前の積み重ねが、先述したように中学受験勉強の礎になるのです。そして、これらの保護者の働きかけと小学校受験対策や家庭での「学び」には、一脈通じるものが多いように感じられませんか。

論より証拠、ですね。中学入試の問題（理科）を事例として挙げてみましょう。

理科《2023年度・桜蔭中学校　理科の入試問題より一部抜粋／一部改変》

お正月に食べるおせち料理には数の子、黒豆、田作り、かまぼこ、海老《えび》、栗《くり》きんとんなどが入っていて、それぞれに願いがこめられています。

問　次のア～カのうち、主な材料が植物に由来するものをすべて選び、記号で答えなさい。

ア　数の子　イ　黒豆　ウ　田作り　エ　かまぼこ　オ　海老　カ　栗きんとん

お正月に「お節料理」を食卓に並べるご家庭が減少しているといわれていますが、女子校最高峰と形容される桜蔭中学校でこのような問題が出題されました。正解はイ（大豆）・カです。ほかにも、この年の桜蔭中学校では、春の七草に関する知識、セミの観察の問題などを出題しています。

なお、同年の慶應義塾普通部でも「お節料理」を題材にした問題が出題されました。また、同校ではニボシ（カタクチイワシ）の観察問題や、自転車の仕組みを題材にした問題などを出しています。

これらの問題に対応するスキルのトレーニングとして、上述した理科の学習ポイントを実践することが大切だとわかりますよね。


少々重い話をします。

わたしの塾では昨年度まで大手テスト会の主催する全国規模の模擬試験を年に2回行っていて、小学校1年生から小学校6年生までの子どもたちが大勢集まります。

最低学年である小学校1年生の子どもたちの大半は、塾通いした経験がありません。幼稚園や保育園で過ごし、小学校に入学してからはあくまでも学校の教科書で学ぶことが中心です。つまり、小学校1年生の子どもたちの置かれた土台、環境は似たり寄ったりです。

しかし、模擬試験の結果に目を向けると、学力の高低差にびっくりさせられるのです。同じ試験で100点に近い得点の子どもたちが何人もいる一方で、1桁得点、つまり10点にも満たない子どもたちもこれまた何人もいるのです。彼ら彼女らの「学習環境」はほとんど同じなのに、です。わたしはこれを「地頭」のちがいなどとチープな表現で説明するつもりは毛頭ありません。そうではなく、生まれてから小学校1年生になるまでに、ご家庭でどれだけの「学び」があったかどうかが大きく起因しているのではないでしょうか。先に挙げた各科目の学習ポイントをごく自然に家庭内で実践できている……そういう環境下で育った子どもたちは良い得点をとる傾向にあると考えます。

「マズい、わが家では欠けていることばかりだ……」

そんなふうに暗澹《あんたん》たる気分に陥ってしまう保護者がいることでしょう。

しかし、わが子が何歳であろうと、学ぶのに「遅すぎる」というのはないとわたしは確信しています。小学校の高学年になって、読書に目覚め、文章を読み解く楽しさを知るような子は大勢いますし、中学受験勉強の総仕上げの時期になって、ようやく図形の立体感覚を身につけるような子もいます。ですから、わが身を振り返ってみて、ご家庭の中で決定的に欠如している「学び」があれば、これからはその機会を意識的に設けることをオススメします。

もちろん、ご家庭でできる取り組みはわが子が幼ければ幼いほどその効果が大きいのは当たり前ですが、わが子が小学校高学年生であっても、保護者が「あきらめて」はなりません。ただ、「あきらめない」というのは、何か悲壮感の漂う言葉です。どうせなら、保護者サイドもわが子と一緒になって、新しい発見にドキドキワクワクして、いろいろな新しい知識、教養を共に身につけていくのがよいでしょう。中学受験勉強で得られる知見は、大人にとっても日常生活の中で役立つものが大変に多いとわたしは感じています。

長男・次男それぞれの本棚に加え、読み聞かせや、片づけきれていなかった本を収納する本棚も。

読書
——どうしたら本好きになる？

まだまだ暑い日が続きますが、スーパーで秋刀魚《さんま》を見つけたり、ブドウを見つけたりして子どもたちと「秋だね」と話をすることも増えてきた今日この頃。今回は、読書の秋についてです。「読書の秋っていうんだよ」などと話をしながら**親子で図書館に出かけてみる**のはいかがでしょう。

図書館には有意義な学びがたくさんあります。例えば、**図書館でのルール**。静かにすること、走り回らないこと、出した本は元の場所に戻すこと。**公共の場でのふるまいを学ぶ絶好の場所**です。また、自宅での借りた本の扱い、返却期間を守る意識なども人生において大切な学びにつながりますね。図書館をぶらぶらするだけで、ネットで必要なものを検索して購入するときにはない**新しい作品との出会い**があったり、棚の本の並びを考えることが辞書で調べることにつながったりするかもしれません。

ちなみに、我が家の長男は私が驚くくらいの読書家です。「読み終わってしまうと嫌だから」と電車に乗るときは5冊ほどの本を持ち歩くことも。最近ハマっているのは『ハリー・ポッター』シリーズで、面白かったところなどを熱心に聞かせてくれます。

一方、次男は、この間の夏休みまであまり読書が得意ではありませんでした（なぜこの夏休みまでなのかは後述します）。物語を読むよりも図鑑をめくっていたいタイプで、パラパラッと主に絵を見ているような感じでした。読み聞かせは大好きで、**8時半までにベッドに入ることができたら読み聞かせをしてもらえるというルール**にしているので、8時20分くらいになると俄然動きが早くなります。

長男の読書好きの話をすると、「どうしたら本好きになるの？」と聞かれることがあります。同じ環境で同じように読み聞かせもしてきた次男との比較がヒントになるのではと考えてみたところ、**意識して読書の時間を作った経験の有無**ではと思い至りました。

長男は、コロナ禍で入学直後からしばらく自宅学習期間が続きました。小学生になったばかりということで親子共に張り切っていましたから、自宅でも時間割りを作り、そのときに**『読書』の時間を毎日20分ほど**とっていたのです。まだ、読書習慣のなかった息子にとって多くの誘惑のある自宅で20分間の読書時間というのは、最初は苦痛に感じることもあったように記憶しています。でも、**どんな物事でも〝楽しい〟と感じられるに至るには乗り越えなければいけない山があるように、読書も最初の〝めんどくさい、しんどい〟を越えたら、ぐんぐんとその楽しさにハマっていったように**思います。

ということで、この夏休み、次男も頑張って**読書の時間に集中**しようという取り組みをしました。**その結果、やはり〝読む楽しさ〟を感じることができ始めている**ように感じています。もちろん、子どもによって、放っておいてもとにかく本が好きという子もいるでしょうし、無理やり読書時間を持ったことで本が嫌いになってしまう子もいるかもしれません。あくまで我が家の見解ですので、**それぞれに合った読書体験**をしてほしいなあと思います。

そして、親子で**読書の秋**を楽しめたら嬉しいですね。

我が家の本棚レイアウト

我が家の本棚事情
私の持論として
「勉強しているときに手が届く範囲に辞書や図鑑が無いと調べ物をしなくなる」
があるので本棚は勉強机の横に置いています
国語辞典
図鑑
資料集
地図帳
本は常に手の届く場所に

どんな本棚を選んだか
子どもが自分で本を取り出せることも大事
という思いから…
子どもの手が届く高さの本棚を幼稚園の頃に買いました
Not High!!

現在、勉強机はリビングにあるので、本棚もリビングにあります。

でも最近長男の本が多くなりすぎて…

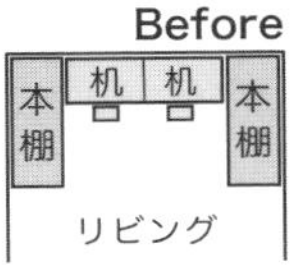
Before
本棚
机
机
本棚
リビング

長男's本棚
次男's本棚
※イン・ザ・リビングルーム

模様替え!
長男と次男の本棚を合体!!!

After
リビング

今はこんな風に置いて、長男の本を次男の本棚にも置いています。次男も長男の本を読むようになりグッド！

小さい頃の大切な絵本は子供部屋の「読み聞かせ用」本棚へ…
つまり我が家には子供用本棚が3つある。
※イン・ザ・子供部屋

私自身がものぐさで、そういう子どもだったからなのですが、辞書や図鑑などは、机に向かっていてもすぐ手が届くところに置かないと、自分で調べなくなるという持論があります。

今は子どもの机がリビングにあるので、必然的にそこに本棚も加わることになりました。子どもの手が届く本棚を幼稚園の頃に買ったのですが、長男が本好きすぎて、入りきらない！　となったのが、この春頃。

もっと背が高い本棚をとせがまれています（コレクター気質の長男は文庫本を全巻ずらっと並べたがります。その気持ちわからんでもないとなる私。笑)。

でも次男も小学生になり、長男の本をオサガリで読むことが増えたので、先日、二人の本棚をくっつける形に模様替えして、長男の本を次男の本棚に侵食させていくことでひとまず落ち着いています。

それぞれのスペースを大切にしたい気持ちはありつつ、これはこれで有効活用なので良しとしています（笑)。

白玉粉で作ると、やわらかいお団子に。おいしいけれど積み上がりません。

月見団子

——なにげない一日を特別な日に

私は毎年「中秋の名月」に、きれいな月が見えるといいなあと思っているのですが、子どもたちは、月よりも月見団子を楽しみにしているようです。**〝花より団子〟**ならぬ**〝月より団子〟**ですね。

月見団子は簡単に作れるので、**毎年子どもたちと一緒に作ります。**団子粉を買ってきたり、白玉粉で作ったり上新粉を使ったり。どれが正解ということはないと思っているので、毎年その時々で気楽に作っています。

お団子を作ったら、**三方**《さんぼう》に載せていきます。三方は神様へのお供えを載せるための台で、三方向に穴が開いていることが名前の由来だそうです。なんとなくお皿に盛りつけるよりも気分が盛り上がるかなと思って最初は子どもたちが工作し、その後、木製のものを購入しました。**ハレの日の雰囲気がぐっと高まり、**オススメです。お正月に鏡餅をお供えするのにも使えますよ。

さあ、**月見団子の準備ができたら、ススキを並べて、**

アオキのオススメ

9月後半情報

月にちなんだ、オススメお出かけスポット

読んで楽しい宇宙の本

そうだいすぎて気がとおくなる　宇宙の図鑑
監修・渡部潤一 1100円／西東社

JAXA 筑波宇宙センター

住所：茨城県つくば市千現 2-1-1
開館時間：10:00 〜 17:00
見学受付時間：9:30 〜 16:30
無料　休館日：不定休、年末年始
https://visit-tsukuba.jaxa.jp/

こちらもオススメ！

科学技術館
自動車や電気など、身近にある科学や技術を紹介。参加体験型の展示を見たり、触ったりして科学技術の原理や応用を学べます。
https://www.jsf.or.jp/

日本科学未来館
宇宙やロボットなどの先端科学技術に触れ、考え、語り合うことができる科学館。シアターでの 3D 映像や特別展など盛りだくさん。
https://www.miraikan.jst.go.jp/

写真を撮って……うっかり、月を見るのを忘れてしまいそうですが、**親子で夜空を見上げてみるのも良い経験ですから忘れないように！ 少しだけ子どもと一緒に歩いてみるのも良いですね。**

暗くなってからのお散歩は虫の声や風のにおいに季節を感じられます（マスクを外す時間が増えて、においで気候や季節を感じることを思い出したときには感動したものです）。更に今年は、そろそろ長男が理科で天体の学習が始まりそうなので、**一緒に望遠鏡をのぞく機会も作りたい**なあと思っています。

そうそう。以前、子どもたちと里芋掘りに行ったときに知ったのですが、**中秋の名月には里芋をお供えする風習もあるそう**。夕飯に里芋を煮てみるのも良いですね。

派手な行事ではなくても、子どもと一緒に楽しめることがたくさんあります。何もしなければただの一日でも、**楽しみ方次第で特別な一日にする**ことができますね。2023年の中秋の名月は、ちょうど満月の日。きれいな月の下で、大切な親子の時間を過ごせるよう、てるてる坊主を作るところから始めようかと思います。

日常の中で親が見守りながらも、自分で試行錯誤しながら課題に対応しているか、が問われます。子どもにとっては難しいことですが、社会に出てからも自分で課題を解決し、また世の中の課題にも目を向けることが、社会に貢献することにつながっていきます。

読んでみよう！

好きな生き物が絶滅してしまうかもしれない

子どもたちは生き物が大好きですよね。図鑑を見たり、動物園や水族館に行ったりするのが大好きな子も多いでしょう。ラッコ、キリン、オカピなど子どもたちに人気の生き物が実は、絶滅の危機に瀕しています。なぜ生き物たちが窮地に追いやられるようになったのか。

大好きな生き物たちの課題に目を向ける絵本です。

著・ミリー・マロッタ　訳・鈴木素子　3520円／光文社

水道水が飲めるのは当たり前じゃない

日本では、水道から当たり前のように水が出てきます。まるできれいな水が無限にあるような感覚になりますが、水道水を飲める国は世界でもごくわずか。むしろ、世界では、まだ水道の設備が整っていない地域も多く、飲み水、トイレ、お風呂、料理などに水道が使えずに不便な思いをしている人が大勢います。

こちらは現在トップモデルとして活躍している西アフリカ出身の女性の実体験をもとに作られた絵本。アフリカの少女が生活水を得るために夜明け前に家を出て、１日がかりで水を汲みにいく日々の様子が描かれています。彼女が、アフリカに井戸を掘る活動で、課題解決に取り組んでいる様子も絵本の巻末に紹介されています。

文・スーザン・ヴァーデ　絵・ピーター・H・レイノルズ　訳・さくまゆみこ　1650円／さ・え・ら書房

一冊の絵本をきっかけに子どもの意識が変わることもあります。

気候変動やジェンダー問題、教育格差などに目を向け、自分なりの意見を持つことが当たり前になりつつある時代、子どもと一緒に身近なテーマから目を向けてみてはいかがでしょうか。

幼児教育のプロ・
大原英子先生が提案！

9月にやってみよう！

絵本を通して「知らない世界」に目を向けよう

絵本は、子どもたちの世界を広げてくれる存在です。想像力を掻き立てる物語、科学をわかりやすく説明してくれる本など、たくさんの素晴らしい絵本があります。それらを通じて、子どもたちは、新しい知識を得て、社会の課題に目を向けるようになります。知らない世界へ目を向けて、自分で考える力を身につけるきっかけに絵本を活用してみませんか。

小学校受験には、「困った」を解決する問題が出ることも

試験出題例

・人の役に立つ乗り物を作ります。あなたが「こんな乗り物があったら良いな」と思うものを作りましょう。
・困った人を助けることができる魔法のステッキを作りましょう。そしてその魔法のステッキで誰をどのように助けたいか絵に描きましょう。
・自分が大好きな人が叶えたい願い事を画用紙にクレヨンで描きましょう。
・（お助けマンが困っている人を助ける様子の絵を見たあと）画用紙に自分だったらどんなお助けマンに、どんなことを助けてもらいたいかを描きましょう。
・（困った顔の絵を見て）あなたがこのような顔になるときはどのようなときですか。またそのときどのように解決しましたか。
・困っている人や生き物を助けたときの絵を描きましょう。
・人を喜ばせたときの絵を描きましょう。

小学校受験では、自分や身の回りの人が困ったときにどのように解決したか、また、今後どのような願いを叶えたいかなどについて聞かれることがあります。子どもが困ったときに、すぐに大人が手を差し伸べていると、「困った」という認識を持つことはありません。

我が家の本棚にある(あった)絵本は、子どもが選んだ本もあれば、自分が子どもの頃から好きな本や評判を聞いて購入してみた本などさまざま。読み聞かせは何よりも親子で楽しめることが一番だと私は思っています。ここには、特に読み聞かせ頻度の高かった本をピックアップしてみました。ジャンルも対象年齢もさまざまですが、幸せな読み聞かせタイムの参考になればうれしいです。

じごくのそうべえ

作・たじまゆきひこ 1650円／童心社

落語がもととなっている絵本なので、とにかく面白いしテンポが軽快です。「どう読んだら面白いかな」と朗読好きの血が騒ぎます(笑)。

わんぱくだんの おばけやしき

作・ゆきのゆみこ・上野与志 絵・末崎茂樹 1320円／ひさかたチャイルド

子どもたちは、主人公の3人を友達のように感じるみたい。次は何の冒険かなとワクワクするからシリーズものっていいですよね。

ふしぎな たね (美しい数学)

作・安野光雅 1815円／童話屋

3びきのこぶた (美しい数学)

文・森毅 絵・安野光雅 1815円／童話屋

お勉強としてではなく、ワクワクするストーリーを通して、
「考えるのって楽しいな」と思わせてくれる絵本です。

子どもたちが「読み聞かせ」で気に入っていた、オススメ本 8

日本昔ばなし アニメ絵本シリーズ

各 387 円／永岡書店

コンパクトで持ち歩きに便利。ちょっとした待ち時間に、時間がない日の読み聞かせに。全巻揃えて重宝しました。

だるまちゃんと てんぐちゃん

作・絵 加古里子 1100 円／福音館書店

私も子どもの頃に読んでいたシリーズ。だるまちゃんの絵柄に妙に惹かれます。息子たちにもたくさん読み聞かせしました。

からすの パンやさん

作・絵 かこさとし 1100 円／偕成社

兄弟一緒に読み聞かせして楽しんでいた一冊。可愛いパンがたくさん描いてあるページは、「これが好き！」と言い合って盛り上がります。

みんな みんな みーつけた

作・木村裕一　絵・黒井健　1210 円／偕成社

こちらも私が子どもの頃に大好きだった絵本です。絵本の思い出って宝物ですよね。読み聞かせが楽しい仕掛け絵本です。

スペシャル対談

放任のプロになれ！「自ら学ぶ子」の育て方

青木裕子が『探究学舎』代表・宝槻泰伸さんにインタビュー！

今回、この本を作るにあたってぜひともお話を伺いたかったのが、『探究学舎』代表の宝槻泰伸先生だ。その生い立ちは興味深く、『探究学舎』ホームページには《幼少期から「探究心に火がつけば子どもは自ら学び始める」がモットーの型破りなオヤジの教育を受ける。高校を中退し京大に進学。次男、三男も続き、リアルオヤジギャグ「京大三兄弟」となる》とある。

著書の中で紹介されている〝オヤジの教育〟は奇想天外で、

◉1ページ1円の報酬を与えて本を読ませる（きちんと読んでいるか感想をチェック）。

◉たくさんの大人を家に呼ぶ。時には、バス停でたまたま出会ったイスラエル人や、公園でギターを弾いていた人まで。

◉旅行の予定が急にキャンプに変更。

◉学校を休んで2ヵ月の海外旅行。

などなど、エピソードに事欠かない。

そして、そのような教育の下で育った宝槻先生が作りあげた『探究学舎』は、〝受験も勉強も教えない、驚きと感動の種をまく学び舎〟だ。たびたびメディアでも取り上げられるその評判を聞いて、実は息子たちも何度かお世話に

なったことがある。子どもたちを夢中にさせる授業は想像以上に面白く、また講師の方の熱さに圧倒された。

体験からの学びの大切さ、そして、親として子どもの教育への向き合い方について、宝槻先生はどうお考えなのだろうか。受験のためではない教育についてたっぷりお話を伺った。

～子育てが難しい時代～

青木　今の時代どんな子育てが正解かわからなくて迷ってばかりです。

宝槻　なるほど。それでは、子どもの将来に何を期待しますか？　と尋ねられたときに、青木さんなら、何と答えますか？

青木　うーん……。自分の頭で考えて行動できる人間になってほしい、と答えます。

宝槻　そうですよね。僕はおそらく全国津々浦々、数万人に同じ質問して、答えを聞いてきましたが、答えは、「好きなことをやってほしい」「他人の真似をしないでほしい」「自分の頭で考えてほしい」など、みんな抽象的なことがほとんどなんです。将来、幸せになってほしいという〝幸せ〟は、抽象的なものですよね。

青木　確かにそうですね。

宝槻　例えば高級車だとか、何とか幼稚園何とか小学校とか、そういった具体的なものがいくつも揃えば幸せになれるか……といったら、そういうわけではない。それを人類は20世紀を通して体験したんです。だから、問題は抽象的な理想をどうやって具現化するか、というところにあるんです。

青木　そこにたどり着くにはどうしたらいいかということですよね。

宝槻　そうです。そして、抽象的な理想をずっと聞いていくと、僕の理解によれば、すべての親は2つの期待を持っていると考えられます。1つは、〝自立してほしい〟、もう1つは〝好きなことを見つけてほしい〟。

青木　先生のお考えでは2つに集約できると。

宝槻　そう。では、その2つについて考えてみましょう。〝自立してほしい〟という親の願いは古来から普遍的な理想と言えるけど、例えば100年前、農民のお母さんは、子どもに〝好きなことを見つけてほしい〟と思っていたでしょうか？

青木 思えないですよね。選択の自由がないですもんね。

宝槻 そうなんです。彼らは宿命に縛られていた。明治時代は、ほとんどの親が家業をついでほしいと思っていたそうです。昭和になって、企業に就職する人が過半数になってからは、〝受験していい大学に行って、いい企業に就職して、終身雇用で守られて、これが幸せ〟という価値観に変わりました。だから、子どもに〝好きなことをやってほしい〟というのは、過去の親は、一度も抱いたことのない期待なんですよ。〝自立してほしい〟はずっと言われてきた。でも〝好きなことをやってほしい〟は21世紀に初めて登場した。だから、その期待を叶えるための正解はまだわかりません。子育てに対する正解がなくなってしまったんですね。

青木 先生は、時代とともに親が願うことが変化してきたとお考えなんですね。

宝槻 そして、正解がなくなった代わりに、何があるかというと、〝納得解〟。つまり「あー、私はこの生き方で良かったな」「この仕事で良かったな」「この人とパートナーで良かったな」というようなこと。そして、その納得解っていうのは自ら創るしかない。親が子どもに授けることができないものなんです。

青木 なるほど。納得解という概念自体が我々にとっては未知のものですよね。それでは不安なのは当然なのかも。

宝槻 そうですね。その上、人間は不安を解消したいという思いが強いから、安定や安心を得るためにすでにある権威に頼ろうとしてしまう。でも、それは過去のプログラムの再生でしかないんです。

青木 わー。それ私です。正解がありそうなものに頼ろうとしてしまいます。

宝槻 ポイントは〝適合〟と〝創造〟の違いです。適合の教育というのは枠に合わせていくということで、その反対が創造の教育。自分の内なる物差しを作って、自分の人生観、価値観、ライフワークを内側にクリエイトする。好きなことで自立できるようにするには、正解がない創造の教育が必要です。

「適合の教育」と「創造の教育」……親の漠然とした期待や不安に対する宝槻先生の考察が、とても興味深かった。そして、こうして整理して考えると少し腑に落ちる部分があるような気がした。

さて、宝槻先生のお話は、まさに〝宝槻劇場〟といった

宝槻泰伸（ほうつき・やすのぶ）
1981年東京都生まれ。京都大学経済学部卒業。高校中退〜大検取得〜京都大学という異色の経歴を持つ。2011年に学習塾『探究学舎』を設立し、代表を務める。著書に『強烈なオヤジが高校にも塾にも通わせずに3人の息子を京都大学に放り込んだ話』（徳間書店）、『勉強嫌いほどハマる勉強法』（PHP研究所）、『10歳から考える「好き」を強みにする生き方』（えほんの杜）など。5児の父。

様相で、『探究学舎』の授業を彷彿とさせる、人を引き付ける語り口で進められた。その場にいた皆が、いつの間にか授業を受ける生徒のような状態に（笑）。身振り手振りを交え、涙あり笑いありで進められていく話に、ついつい本題を忘れそうになることも（実際、この日のインタビューは当初の予定を大幅にオーバーして3時間にも及んだのだ！）。ここに載せられるのはインタビューのほんの一部、特に参考になると感じた部分を私なりにまとめたものだ。先生のお人柄と、盛りだくさんだったインタビューの様子が伝われればいいなあと思う。

さて、これからの時代に必要だとされる「創造の教育」とは一体どんなものなのだろうか。

〜体験からの学びについて、子どもとの向き合い方〜

青木　「創造の教育」において私たち親はどんなことを意識する必要がありますか？

宝槻　まずは、放任のプロになるということです。

青木　〝放任のプロ〟ですか。ただの放任ではないというところがポイントな気がしますね。確かに著書に書

かれているお父様の教育は、子どもたちに好きなようにやらせているようでいて、ただ放っておいているわけではなく、意図して好きにやらせているといった印象です。

宝槻　そう。そして、次に大切なのが〝ヒット&アウェイ〟です。

青木　というと?

宝槻　例えば父親と子どもの例で説明しますね。

「この本最高だから読んでみなさい」

これがヒットです。そして、親は離れる。2週間後に子どもとこんなやり取りをする。

「どう?　面白いか?」「まだよくわかんない」「そうか、それ50ページ目からが面白いんだよ。今何ページだ?」「20ページ」「よし、あと30ページだな」

すると、50ページ目に到達したころにはこんな展開になります。

「どうだ?　面白いか?」「パパ、面白いこれ!」「これな、これの次は映画があるんだよ。観たいだろ?」「うん、観たい!」「まだ駄目。3巻までいったら観せてやる」「えっ。じゃあ頑張る」

それで、1週間後に目標を達成した子どもと映画を一緒に寄り添って観ると、こうなる。

「パパ泣いてるじゃん」「そうだよ、涙なしには観られないよ」「そうか。パパがそんなに感動するなら、素晴らしい作品なんだね」

これが、ヒット&アウェイです。

青木 （笑）素敵な展開ですね。とはいえ、うまくいくことばかりでもないのでは？

宝槻 それは当然です。「創造の教育」というのは、試行錯誤の連続で、積み重ねていくもの。3時間では成し得ません。30時間でも、300時間でも、無理です。それじゃあ、3万時間では？　親子で一緒に3万時間、試行錯誤してみたらどうなるかといえば、圧倒的な思い出と原体験が築き上げられるでしょう。このように、親子で対話をすることが必要なんです。

青木 先生もお子さんの教育でうまくいかなかったことってありますか？

宝槻 ありますよ。「ついに時が来た！」と思って、子どもたち5人並べてNHKのテレビドラマ『坂の上の雲』を観せたことがあります。そうしたら30分後、女子3人が消えていました（笑）。「ダメだった～、今じゃなかった」ってなりましたよ（笑）。でも、長男は食らいつくように観ていました。14年越しで、ようやく伝わったんです。

青木 わー。根気がいりますね。

宝槻 とにかく大切なのは対話です。ほとんどの親子が対話じゃなくて、業務連絡ばかりしていると感じています。会話ばかりでは対話とは言えないんです。

青木 「今日学校でどんなことがあった？」だけではなくて、先ほどの例えのように親の気持ちも伝える関係になって初めて対話と言えるということですね。胸を張って「できています！」とは言えないかもしれません。

宝槻 あと、もうひとつ、〝マストを手放しベターを楽しむ〟というのも大切です。ほとんどの親が、塾に入れなければならない、などの〝しなければいけない〟という思い込みがとても多いんです。

先生のお話を聞いていると、「そんなにいろいろなことに縛られすぎなくていい」と気持ちが楽になる一方で、親として「全力で子どもに向き合おう」と気が引き締まる思いにもなる。「創造の教育」という観点では、体験は〝すればいい〟のではなくて、子どもの興味を引き出すための工夫であったり、親子での対話であったり、試行錯誤が必要なのだと感じた。親である私がまずはさまざまな興味や

知識を持つことが必要なのかもしれない。宝槻先生に、子どもと共有したい名作をオススメしていただいた。

～名作を知る～

青木　先生のお父様は、いろいろな作品を、息子である三兄弟に与えられたのですよね。先ほどの例での『坂の上の雲』など、先生がお子様に与えたいと思う作品の基準を教えてください。

宝槻　世の中には名作・ヒット作・駄作が存在すると考えています。名作というのは例えばジブリ。『となりのトトロ』や『魔女の宅急便』は観ましたか？

青木　観ました。確かに子どもと一緒に楽しみたい名作ですね。

宝槻　名作というのは、100年先の後世にも受け継がれる、人の心を震わせる作品。名作というのは、どう生きるかと問いかけてくるもの。一つ作るのに10年はかかるもの。

青木　うんうん。いろいろな名作がありますね。

宝槻　そう。劇団四季、ディズニー、それに、詩や歌も。一方で視聴率や発行部数などで評価できて、お金を稼げるのがヒット作。ヒット作の中には、ジブリのようにヒット作という仮面をつけた名作もあるし、ヒット作の仮面をつけた駄作、というパターンもあります。自分が思う名作を子どもと分かち合うことが大事だと思っています。

青木　先生もお父様やお子さんたちと分かち合ったんですね。

宝槻　『お～い！竜馬』『火の鳥』『ブラック・ジャック』。父は、僕たち三兄弟に10万時間分の名作をプレゼントしてくれたんです。それから寅さんも一緒に観ましたよ。その時間が僕らを育てたと思うし、一生忘れない思い出でもあります。あっ、『探究学舎』も名作ですよ（笑）。僕の全人生が入っているから。

～最後に、子育てをする上での心構え～

青木　お話を伺っていると、〝子育ての大変なことはなるべくアウトソーシングして親は自分の人生を生きる〟といったトレンドに逆行しているようにも聞こえます。

宝槻　アウトソースは、石垣があった上に積むべきものなんです。基礎がないうちにトレンドだということでアウトソースしても仕方ないですよね。もしかしたら、アウトソースをしがちなのは子育てに自信がないからということもあるかもしれません。プロです、という人に預けたほうが安心だからという。

青木　わかります！　私も自信ないです。先生のその自信は、どこから来るんでしょうか？

宝槻　親にとって子どもは宝物ですよね。親にとってのスターとも言える。誰かと比べたりせずに、その子どもの輝きをいつも感じるようにすることが大事です。

青木　そうか。親としての自分に対する自信のなさもありますが、子どものことを信頼しきることとへの不安があるのかもしれないとハッとしました。自分の子どもはかわいいのは当然ですが、でも、「信頼している」と言い切ることには抵抗があるというか……。

宝槻　子どもに絶大な信頼を寄せていいんです。信頼と愛が子育ての資源ですから。すべての子どもが輝く星なんです。

青木　わかりました。何とか子育ての自信を引き出すとして……私は、先生のような気力も欲しいです（笑）。

宝槻　気力は名作が与えてくれます!!（笑）

とにかく宝槻先生のパワーに圧倒された3時間のインタビューだった。先生の生い立ちは冒頭に記したように非常に独特だし、『探究学舎』の学びは革新的に感じられる。それは真実でありながら、でも実のところ先生ご自身が子育てにおいて大切にされていることは普遍的な親子関係なのかもしれないと感じた。

それは、この本のテーマである、親子で共に取り組む体験にもつながる気がする。体験学習は、決して小学校受験や中学校受験のためだけのものではない。子どもとともに楽しみながら学ぶ時間はきっとどんな子育てにおいても意義のあるものに違いないと改めて思えた。

探究学舎

「受験も勉強も教えない教室」というスローガンを掲げ、東京・三鷹に拠点を置く『探究学舎』。国語や算数といった教科学習やテスト対策は一切行わず、子どもたちの「もっと知りたい！」「やってみたい！」という好奇心を刺激して、自ら探究する力を身につけさせる、まったく新しい学び舎として人気を博している。
https://tanqgakusha.jp/

読書好きの長男は幼稚園の頃から少しずつ自分で本を読むようになりました。気に入った本をシリーズでそろえるというのが彼の読書スタイル。読書が苦手な次男はゆっくり。挿絵が気に入った本などを読むうち、少しずつ読書を楽しめるようになってきました。大人でも、「面白そう」と思って買ったのにページが進まないことがありますよね。「読まなくちゃ」ではなく「読みたい」と思える本との出会いはタイミングなのかなと思っています。

ドリトル先生 アフリカゆき

作・ヒュー・ロフティング
訳・井伏 鱒二
869円／岩波書店

私が小学生の頃に読んでいた名作。

戦国ベースボール 夢の球宴！ 地獄オールスター!!

作・りょくち真太
絵・トリバタケハルノブ
682円／集英社

長男の歴史好きの原点はこのシリーズだと思います。

クレヨン王国ベストセレクション
クレヨン王国の 十二か月

作・福永令三
絵・椎名 優
814円／講談社

子どもの頃、どれだけクレヨン王国の世界に浸ったことでしょう！ 息子たちと共有できることに喜びを感じます。

ハリー・ポッターシリーズ
静山社ペガサス文庫
ハリー・ポッターと 賢者の石 1-1

作・J.K.ローリング　絵・ダン・シュレシンジャー
訳・松岡佑子　792円／静山社

映画はまだ少し怖い子どもたちも、本なら読みやすいようです。文庫になって少しずつ読み進められるのも良いですよね。

おばけずかんシリーズ
がっこうのおばけずかん

作・斉藤洋　絵・宮本えつよし
1210円／講談社

言わずと知れた大人気シリーズ。読書が苦手だった次男はこの本から読書をはじめました。

子どものひとり読書に オススメの本 9

エルマーのぼうけん

作・ルース・スタイルス・ガネット
絵・ルース・クリスマン・ガネット
訳・わたなべ しげお　1320円／福音館書店

読み聞かせにも、一人で読むのにもオススメです。

もしかしたら名探偵

作・杉山亮
絵・中川大輔
1100円／偕成社

長男がハマっていました。字が大きくて読みやすいようです。

マジック・ツリーハウス1 恐竜の谷の大冒険

著・メアリー・ポープ・オズボーン
訳・食野雅子　858円／ KADOKAWA

文字多めの文庫本デビューにオススメのシリーズです。

かいけつゾロリの ドラゴンたいじ

作・絵　原ゆたか
990円／ポプラ社

挿絵が愉快で、子どもたちはアニメも大好きでした。

味覚狩り

——季節感を大事にしたい！

親子で秋の**味覚狩り**に出かけてみるのはいかがですか。**お芋掘り**はもちろん、**栗拾いやリンゴ狩り、ナシやブドウ**など、さまざまな種類があり、それぞれ違った楽しみがあります。**「どんなふうに実がなっているかな」「葉っぱはどんな形かな」**などお話をしながら親子で楽しみたいですね。**体験を通して自然と季節の果物、野菜**が覚えられる機会は貴重です。

私は数年前の秋に次男と行った栗拾いがとても楽しかったです。実のところ、**9月の連休を過ぎると、味覚狩りは終わってしまったり、実の残りがわずかになってしまったり**しています。実際、栗拾いでもなかなかきれいな実が入っているものを見つけることができませんでした。

でも、それはそれで**宝探し**のようでしたし、大混雑ではないから**ゆっくりと観察できる**という利点も。それに何より「秋の味覚狩り」ですから、ちょっと秋めいてきたなあという季節に出かけた思い出になるのはいいですよね。

大人にとっては芋や栗と言えば秋ですが、まだまだそういう意識のない子どもたち。暑い中、半袖で栗拾いをした思い出より、**長袖を着て栗拾いをした記憶が残ったほうが良いかな**なんて思ってしまうのです（ですから、ちょっと早めに始まったミカン狩りを見つけてもそれは冬の行事なので、もうしばらく我慢！　なんて。笑）。

アオキのオススメ

10月前半情報

味覚狩りスポット

サクランボ、桃など

群馬『原田農園』
住所：群馬県沼田市横塚町 1294
時間：9:00 ～ 17:00
料金：サクランボ狩り
（6月上旬～7月中旬）
大人 1980 円、小人（3 歳～未就学児）1430 円
http://www.harada-nouen.com

夏

メロンなど

山梨『FUJI フルーツパーク』
住所：山梨県笛吹市御坂町金川原 888
時間：平日 10:00 ～ 15:00、土日祝 9:00 ～ 15:00
料金：HP で要確認
https://www.fujipa.orepa.jp/

春

じゃがいも掘り

千葉『東京ドイツ村』
季節ごとにいろいろな収穫体験が可能！
住所：千葉県袖ケ浦市永吉 419
時間：9:30～17:00　料金：変動制のため、HP で要確認
※その他、体験ごとに別途支払いの必要あり
https://t-doitsumura.co.jp/

イチゴ狩り

栃木『58 ロハスクラブ』58BERRY GARDEN
住所：栃木県矢板市安沢 2180
時間：10:00 ～ 16:00（最終受付 15:00）
料金：大人 2750 円、小学生 2200 円
https://58gh.jp/lohasclub/

秋

栗拾い

神奈川『大きな栗の木リパブリック』
住所：神奈川県伊勢原市西富岡 706
時間：10:00 ～ 16:00 ごろ
栗拾いは 8 月 26 日～ 11 月初旬
持ち帰り有料、1 バケツ（約 2kg）
山盛り 5000 円、2 バケツ目から 3000 円
https://www.instagram.com/ok__rep/

芋掘り、野菜の収穫など

千葉『農業公園ぽんぽこ村』
住所：千葉県木更津市牛袋野 506
旬な野菜を収穫できる『旬の野菜収穫体験』が人気
料金：大人 3850 円、中高生 2750 円、小学生以下無料
https://ponpokomura.com/

稲刈り

——秋晴れの空の下での、すがすがしい作業

田んぼを訪れると**黄金色に輝く稲穂の美しさ**にハッとさせられます。泥んこに足を取られそうになりながら**田んぼの中に入って、大きな鎌にちょっとドキドキ**しながら刈り取って、まとめて結んで竿に干します。

一生懸命やってもなかなか進まない作業に汗を流し、農家の方々のご苦労に思いを馳せます。親子で**食のありがたさを話し合う機会**になりますね。稲刈りという言葉は知っていたけれど、実際にはどんな感じなのか、私も親になるまで体験したことがありませんでした。

探してみると**体験をさせてもらえる田んぼがたくさんある**ことを知りました（中には、田植えから一連の流れを体験できるところも）。なかなか大変な作業で、泥の中で長靴が脱げてしまったり、転んでしまったり、**子どもたち**は**大騒ぎ**。**汚れてもいい服装**で行ってくださいね。秋晴れの空の下での作業はとてもすがすがしくて、**秋の日の思い出作り**にオススメです。

OCTOBER

アオキのオススメ

10月後半情報

田植えも稲刈りも
体験できる!

オリーブパーク東京
田植え体験（要予約）
料金：大人 4400円、小学生 3800円、幼児（2歳以上～6歳以下かつ未就学児）3300円、見学者 2200円
そのほか稲刈り体験や年間を通じた体験も！
https://www.tokyo-olive.com/

落ち葉を使った貼り絵

身近な植物に目をやると、葉の形も実はとても多様なことに気づきます。紅葉の季節は、色も鮮やかです。さまざまな形や色の葉を、何かに見立てて絵画や工作をさせてみてください。その子だけのオリジナルのアート作品になります。葉っぱを魚のひれにしてみたり、恐竜の顔にしてみたり、何かの形に見立ててみると、子どもたちのアイデアがあふれ出してきます。

「魚のひれにもなりそう！」

「恐竜にも使えるね」

「手みたいだね」

教え子たちが
家で自由に作った
作品の数々

見立てる力とは、「関係のない２つの異なるものを結びつける能力」のこと。これはビジネスを創出する革新的な発想を生み出す方法の一つとも言われています。またアイデアを形にすることも大事です。考えたものを実際に形にしてみると、実はうまくいかなかったり、思ったものとは違ったりします。そのとき試行錯誤することで工夫する力も身につきます

廃材を身近に

段ボールやトイレットペーパーの芯、ティッシュペーパーの箱、その他廃材を置いておくと、子どもたちのアート作品やおもちゃの材料になります。

『コノユメサロン』の子どもたちは「今日は何を作ろうかな」と楽しみながら工作をしています。ほしいおもちゃを買わずにまずは自分で作ってみるようになった、というご家庭もあります。子どもたちの作品は既製品のようには形が整っていないかもしれませんが、一人ひとりの工夫にあふれた、世界に一つだけの作品であり、宝物になることと思います。

「AI時代だからこそ、考える力をつけたい」とすべての親が思っていることと思います。難しいテーマで議論ができることも大事ですが、子どもが喜ぶ身近な遊びで、自分なりに考える力、創造する力を育んでみてはいかがでしょうか。

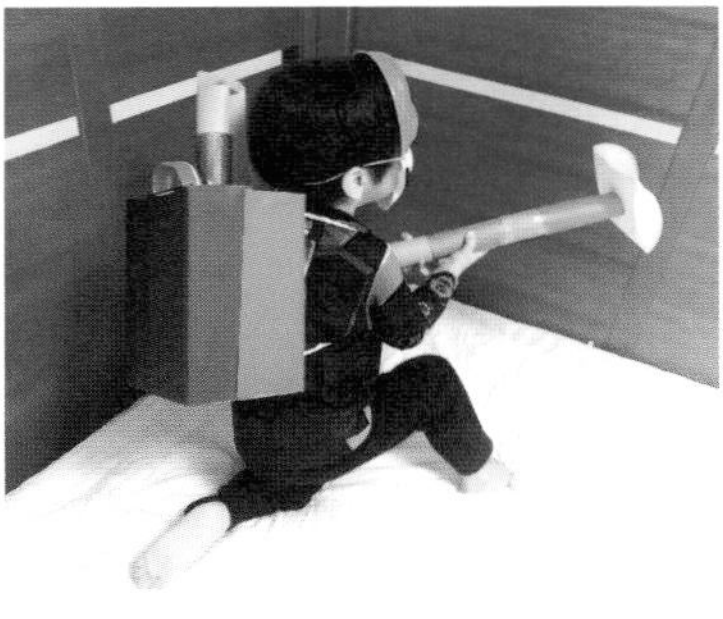

リュック型掃除機

幼児教育のプロ・
大原英子先生が提案！

10月にやってみよう！

植物や廃材の工作で創造力を育もう

うだるような暑い夏が過ぎ、過ごしやすい季節になりました。公園に出かけると、木の葉が色づき紅葉しています。落ち葉やどんぐりなどを拾い、工作してみるのはどうでしょう。自分だけの作品を作って家に飾ると、気持ちもワクワクしますね。

小学校受験では「想像力」と「創造力」が必要な工作が出題される

試験出題例

・おばけになれる洋服を作りましょう。
　材料：ゴミ袋、スズランテープ、新聞紙、モールなど

・あなたが食べたいおやつを作りましょう。
　材料：小麦粘土

・人の役に立つ乗り物を作りましょう。
　材料：箱、色画用紙、モール、折り紙など

・（6人程度のグループで）みんなで相談して乗り物を作りましょう。
　材料：折り紙、画用紙、新聞紙、綿、箱、輪ゴム、モール、紙テープ、アルミホイル、気泡緩衝材など

これらは「試験」ではあるものの、子ども一人ひとりのアイデアを具体的に形にする、素敵な取り組みですよね。日常生活の中で工作を取り入れてみませんか。

「十《じゅう》一《いち》月《がつ》」

NOVEMBER

前半

七五三
――この時期のおやつは千歳飴

11月の行事と言えばなんでしょう。
そう、息子たちが小学校受験の時期、一番忘れがちだった行事、七五三です。男の子は5歳の1回きりですし（最近は3歳でも写真を撮ることが多いようですが）、どうしても記憶に残りにくいのかなと感じていました。

混み合うシーズンを避けて、前撮りをしたり、お参りはなしにしたりとスタイルも変わってきて、11月に街中でかわいい着物姿を見かけることも以前に比べると少なくなった気がします。でも伝統行事ですから無理やりお勉強として覚えるよりも、「そろそろ七五三の季節だね」なんて自然と会話に出てくるような感覚が身につくとよいなあと思うのです。

ということで、我が家では11月になると毎年おやつに千歳飴が登場します。息子たちだけかもしれませんが、食と結びつくと偶然記憶に残りやすいような気がするのです。それも彼らの大好きなおやつ関連だとなおさら。

ひなあられ、柏餅、月見団子、クリスマスケーキなどそのときだけの特別なおやつの中で、若干地味な存在の千歳飴ですが、たまにはそんなおやつも良いですよね。イベントごとに食べ物を家族で楽しむことができたら、それはもう立派な体験だなと思うのです。

十《じゅう》一《いち》月《がつ》

NOVEMBER

後半

高尾山登山

——子どもの登山デビューにもぴったり

場所によってはもう見ごろが終わっているかもしれませんが、まだまだ色づいた葉の美しさを楽しめるところも多い11月後半。家の近くで、**イチョウやモミジの色の変化**を子どもと一緒に観察するのも楽しいですが、山登りやハイキングをしながら**紅葉狩り**に出かけるにも良い季節です。関東近郊の低山だと、今が見ごろというところも多いのかなと思います。

そんな中で、やはり、**高尾山**は子どもと一緒に登るにはとてもいい山だなあと思っています。**登山ルートがたくさんある**ので何度行っても飽きないですし、頂上には食事を買ったり食べたりするお店やスペースが広くあります。

どうしても紅葉シーズンは混み合うので日時を選ぶことが必要ですが、子どもと一緒の初めての登山にも最適です。我が家の息子たちも二人とも**登山デビュー**は**高尾山**でした（そこから、いろいろな山に登り、この間の夏には家族で富士登山に行ってきました）。

変化するものというのは、**観察しがいがある**ので、一年を通して同じところに出かけてみるというのもオススメです。山の木々などが変化する様子は、何度も足を運べば運ぶほど、面白く感じるものだと思います。

また、**繰り返し挑戦することで子どもの成長を感じる良い機会**にもなります。息子たちも最初は途中で音をあげそうになっていたけれど、どんどん足取りが逞しくなり、私のことを心配する余裕さえ見せるようになりました。

山登りは、登っているときは暑いけれど、**頂上に着くと冷える**ものです。子どもは汗が冷えるとすぐに風邪をひきますし、**低山でも装備はしっかり**して行ってくださいね。

アオキのオススメ

11月後半情報

富士登山までの道のり

高尾山登山で登山の魅力にハマり(特に次男が)、
初高尾山から2年ほどで
家族での富士山登頂を達成しました。
そこまでの道のりをご紹介します。

START

高尾山登山

5、6回は登りました。登山道がいろいろあるので何度行っても楽しめます。

数々の低山登山

「他の山にも登ってみたい！」ということで、天上山（山梨）、鋸山（千葉）、御岳山（東京）、陣馬山（東京・神奈川）、金時山（神奈川）、大山（神奈川）、小仏城山（東京）などに登りました。事前に見どころを調べてから登ると楽しめます。

時には地道にトレーニング

家族で東京タワーを階段で往復するトレーニングをしたこともあります。運動不足は大人の方が注意です。

東京タワー『オープンエア外階段ウォーク』
オープン日時：昇り階段／土日祝のみ営業 9:00 ～ 16:00
　　　　　　　下り階段／毎日 9:00 ～ 21:00
金額：通常の展望料金が必要です。大人 1200 円、高校生 1000 円、小中学生 700 円、幼児（4 歳以上）500 円
https://www.tokyotower.co.jp/event/attraction-event/MDopenairwalk2/

しっかり装備を整える

登山グッズは練習登山前にプロの意見を伺いながら揃えました。専門の装備以外では、子どもは特に温度調整のできる衣類を用意した方が良いです。また、富士登山では、山小屋でしっかり寝られるよう子どもにはパジャマも持っていきました。

山小屋予約などスケジューリングが重要

スケジュールはしっかりたてつつ、崩れることも考慮しておく心構えが大切だと思います。天候や体調などを見て、決して無理はしないように。ちなみに我が家は“頂上での御来光”はそもそも考えず、8合目あたりで見ました。混んでいないし、ゆったりと素晴らしい経験ができましたよ。

GOAL

志望順位	学校名	受験日	受験番号	願書販売	web申込	web出願	郵送出願	郵送方法	面接集合時間	考査集合時間	合格発表	初回納入金	納入期限
		月 日		月 日～月 日	月 日～月 日	月 日～月 日	月 日～月 日	速達簡易書留（ ）	月 日 :	月 日 :	月 日 :		月 日 :
		月 日		月 日～月 日	月 日～月 日	月 日～月 日	月 日～月 日	速達簡易書留（ ）	月 日 :	月 日 :	月 日 :		月 日 :
		月 日		月 日～月 日	月 日～月 日	月 日～月 日	月 日～月 日	速達簡易書留（ ）	月 日 :	月 日 :	月 日 :		月 日 :
		月 日		月 日～月 日	月 日～月 日	月 日～月 日	月 日～月 日	速達簡易書留（ ）	月 日 :	月 日 :	月 日 :		月 日 :
		月 日		月 日～月 日	月 日～月 日	月 日～月 日	月 日～月 日	速達簡易書留（ ）	月 日 :	月 日 :	月 日 :		月 日 :
		月 日		月 日～月 日	月 日～月 日	月 日～月 日	月 日～月 日	速達簡易書留（ ）	月 日 :	月 日 :	月 日 :		月 日 :
		月 日		月 日～月 日	月 日～月 日	月 日～月 日	月 日～月 日	速達簡易書留（ ）	月 日 :	月 日 :	月 日 :		月 日 :
		月 日		月 日～月 日	月 日～月 日	月 日～月 日	月 日～月 日	速達簡易書留（ ）	月 日 :	月 日 :	月 日 :		月 日 :
		月 日		月 日～月 日	月 日～月 日	月 日～月 日	月 日～月 日	速達簡易書留（ ）	月 日 :	月 日 :	月 日 :		月 日 :
		月 日		月 日～月 日	月 日～月 日	月 日～月 日	月 日～月 日	速達簡易書留（ ）	月 日 :	月 日 :	月 日 :		月 日 :

先輩の失敗例から学ぼう

実は用意周到に準備したつもりでも、試験を受けるまでにはいろいろなトラブルがあります。

試験の集合時刻に遅刻した

遅刻の失敗談の中でもとても多いのは、集合時刻と試験開始時刻を勘違いしていた、というもの。学校から届く書類には集合時刻と試験開始時刻が並べて記載されていることも多く、特に気持ちが焦っている時期には勘違いが起きやすくなります。家が学校に近いから5分前くらいに着く時間に出ようと思っていたが、いざ学校に向かおうと思ったら子どもが「トイレー！」と言い出し、急いでトイレに行った。その結果、遅刻してしまった、ということも。

忘れ物をした

学校側から持ち物の指定がある場合は必ず忘れないように。持ち物や服に記名をする、しないなども細かい指示がある場合もあります。

本番当日は子どものお守りになる言葉を準備

慌ただしく過ぎる試験期ですが、一番大事なことは子どもが心を落ち着けて試験に向き合う環境を作ること。当日の送り出し方も大事です。

５、６歳の子どもが、初めての環境、初めての友だち、初めての課題に対し、すべて自分で判断して全力で取り組む。本当に凄いことですよね。生まれて数年でここまで逞しくなるとは、想像していなかったのではないでしょうか。合格させたいという気持ちから、いろいろ心配ごとはあるかもしれません。「ペーパーの色間違いしないようにね」「姿勢が悪くならないようにね」と直前まで口出しをしたくなりますがそこはぐっと抑えて。

子どもにとっては大好きなお父さん・お母さんからの愛情たっぷりの応援が力になるはずです。皆さんだったらどのような言葉を子どもにかけますか。スケジュールと同様、事前にしっかり準備して、当日子どものお守りになるような素敵な言葉をかけてあげてください。

幼児教育のプロ・
大原英子先生が提案！

11月にやってみよう！

受験期は スケジュール管理が 勝負を決める

中学、高校、大学受験では、各学校や学部の試験日時が決められており、どの学校をいつ受験するか、あらかじめ計画し、出願できます。しかし、小学校受験の場合、試験が複数日にわたって行われる学校もあり、そういった学校では出願後に試験日程が確定します。結果として、希望する学校の試験日が重なりどちらを受けるか判断を迫られたり、試験日時が想定と違い兄弟の預け先の調整が必要になる場合もあります。また、小学校受験では、多くの学校で試験前に面接があり、首都圏では８月末から出願、面接、試験の準備で忙しくなります。受験する子どもが心穏やかに試験に臨めるよう、親としてスケジュール管理は必須事項です。

スケジュール管理は出願前から

小学校受験では、コロナ禍以降、インターネット出願が一般的になりました。しかし「インターネット出願」と言っても、インターネット上では個人情報の登録のみで、志望理由などは書類に手書きし、郵送する学校が多くあります。

郵送方法についても、「期日指定の簡易書留」や「指定日の消印有効・簡易書留速達郵便」など、学校によって細かく指定されています。受験料の払い込み方法もさまざまで、試験を受ける前に疲れ果ててしまいそうです。

普段は携帯電話などでスケジュール管理をしている方も、このときばかりは、チェックリストなどを作って進めていくことをオススメします。私が運営している『コノユメ SCHOOL・コノユメサロン』では直前期に以下のような表を配布し、整理することをオススメしています。

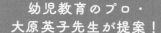

COLUMN

青木裕子が受験について考えること②

〝小学校受験〟本番シーズンが近づいて考える「子育ての悩み」

最近の息子たちのことが、わからない

やっと秋の気配を感じる日が増えてきた。

スポーツの秋だとか、読書の秋だとか、食欲の秋だとか、これからの季節にはさまざまな楽しみがあるけれど、世間の行楽ムードとは裏腹にピリピリとした緊張感をまとい始める友人たちがいる。そう、秋は小学校受験の季節でもあるのだ。

次男がもう2年生なので、当事者だったのはちょっと前のことだけど、やっぱりこの季節には気持ちがざわつく。初めての小学校受験について相談を受けた友人のことや、子どもの友だちの弟や妹のことが気になる。……いや、それだけではない。知り合いじゃなくてもネイビーをまとった親子とすれ違うと、勝手に「頑張れ！」とエールを送ってしまうのだ。

きっと願書作成に追われて寝不足に陥ったり、直前の模試で結果が芳しくなくてこの世の終わりのような感覚に襲われたり。最後のしんどい時期だよねと勝手に想像してしまう。と同時に、親子二人三脚で過ごしたあの頃は楽しかったなあというノスタルジックな気持ちになることも。

だって、**最近の息子たちのことが、私にはわからない。**私には見せない彼らの世界が確立されてきている。

親から独立した「子どもたちだけの世界」

息子たちが通っていた幼稚園は保育時間が短く、私は彼らとほとんどの時間を共有していた。更に小学校受験の準備期間はこれでもかというほど濃密な時間を共に過ごした。彼らのことをとことん観察したし、さまざまな体験に共に取り組んだ。毎月登山に行ったり、季節ごとの味覚狩りを楽しんだり。

小さい彼らにも彼らの世界があったけれど、毎日幼稚園の先生からその日の様子を聞けたし、幼稚園のママ友と「かわいいね」なんて言いながら公園で遊ぶ様子を見守っていたから、私はその存在を尊重するという立場でいられた。

でも、小学生になると、私とは全く独立したところに息子たちの世界は確立された。私には、息子が学校でどんな子なのかわからない。友だちの中でどんなふうにふるまって、どんな関係性を築いているのか。想像はするけれど、確実なことはわからない。もしかしたら、ものすごく嫌な奴なんじゃないかとか、めちゃくちゃ問題児なのではと心配になる。息子たちは家で学校のことをたくさん話すけど、でも、全部本

当のことを言っているとは限らないじゃない。

一口に子育てと言ってもさまざまな段階があるのだなと改めて思う。正直なところ、側にいられた幼児期より今のほうが、子育てって難しいと思うことが多いかも。ずっと一緒なわけじゃないからこそ、声がけにものすごく悩む。例えば、学校であった嫌なことの話に、私はなんて返事をするのが正解なのだろう。ついつい偉そうに「見方を変えてみたら?」なんて言ってしまうのはうざいかしら。アドバイスなんていらない。話を聞いてほしいだけ?

自分が子どものときを思い出そうともするのだけど、うーんとなってしまう。私の両親は、なんていうか変わっていたからなあ。たぶん私の世界みたいなことにはそんなに興味がなかったのではないかな。何も言われた記憶がない（笑）。高校生の頃だけど、一時あまり学校に通えなかった時期も、特に何も言われなかったくらい。

「学校行こうと思ったけど駅まで行ったら気分じゃなかったから帰ってきた」「ふーん。で、お昼食べるの?」みたいな。それはそれで、あえてやろうとするとなかなか難しいことだけど。

子育てで、悩まなくなることはない

とにかく、私は今、小学生の子育てに四苦八苦する日々なのだ。わからないことが多くて、わからないなりにもがいている。開き直るわけじゃないけど、わからないということがわかっているのもなかなか大切なことだろうと思う。無知の知みたいなね。だって、そうじゃないと、「うちの子に限って」とか言い出す親になってしまうだろう。

以前、知人に、「幼児教育ってとても大切だと思うのだけど、あまりスポットが当てられないのはなんでなんだろう」と話をしたら、「すぐに通り過ぎてしまうからじゃない?」と言われたことを思い出す。確かに。今の私、そんな感じだ。うっかり「小さいときはよかったなあ。今は考えることがいっぱいで」って思ってしまいそうになる。でも、幼児期だってそれはそれで精いっぱいだったのだ。

「小さいころの悩みなんてそのあとのことを思えば大したことはないよ」と切り捨てるのはちょっと違う。確実に言えることは、悩まなくなることはないということ（笑）と、すべてつながっているということだ。まだ、息子たちは小学生だから、幼児教育の影響について考察するには時期尚早だけど、でも教育ってつながっていくもの、だと思う。

ということで、何が言いたいかというと、小学校受験に挑む皆さん、頑張ってくださいということ。今の経験は必ず何かと結びついていくと思います。噂に惑わされず、周りの声に振り回されず、追い込まれすぎないように。

子どもと共に過ごした日々が充実したものになるように、心から祈っています。（FRaUweb 2023年10月2日掲載）

自己肯定感

息子たちの自己肯定感の暴落が止まらない
自己肯定感グラフ
ずーん…
(年齢)
僕はそういうの得意じゃないから
僕上手じゃないから
笑われたらいやだし
幼稚園時代は
できる!
やりたいっ
…だったのにな〜〜
長男は小学校4年生
周りで「格別にうまい子」が出てくる年頃だ
自分の立ち位置を認識するのだろう
10
でもこれは仕方ない
親である私だって
子の成長につれさまざまな現実に
直面しているのだから

スパァンッ

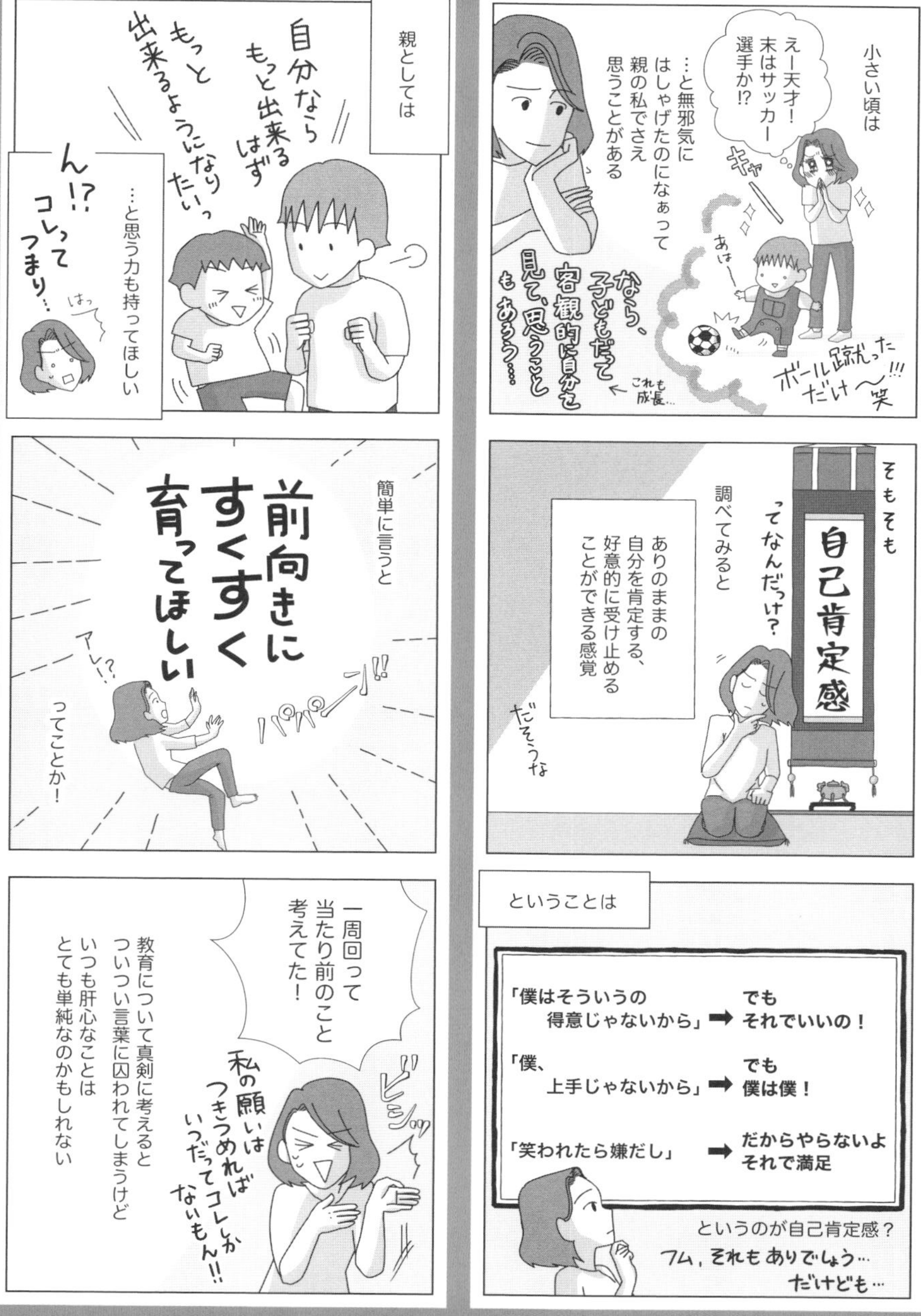

小さい頃は
えー天才！末はサッカー選手か⁉
キャー
あは〜
ボール蹴っただけ〜!!! 笑
…と無邪気にはしゃげたのになぁって親の私でさえ思うことがある
なら、子どもだって客観的に自分を見て、思うこともあろう…
これも成長…
親としては
自分ならもっと出来るはず
もっと出来るようになりたいっ
…と思う力も持ってほしい
ん!? コレってつまり…
はっ
そもそも
自己肯定感
ってなんだっけ？
調べてみると
ありのままの自分を肯定する、好意的に受け止めることができる感覚
だそうな
簡単に言うと
前向きにすくすく育ってほしい
アレ!?
パパパーン!!
ってことか！
ということは
「僕はそういうの得意じゃないから」➡でもそれでいいの！
「僕、上手じゃないから」➡でも僕は僕！
「笑われたら嫌だし」➡だからやらないよそれで満足
というのが自己肯定感？
フム、それもありでしょう…
だけども…
一周回って当たり前のこと考えてた！
私の願いはつきつめればいつだってコレしかないもん!!
ビシッ
教育について真剣に考えるとついつい言葉に囚われてしまうけどいつも肝心なことはとても単純なのかもしれない

情報過多の世の中で
もっと教えなければ
もっと伸ばしてやらねば…
非認知能力
STEAM
自己肯定感
探求学習
学力格差
カリキュ
教育
国際バカロレ
G-スク
ハァ
ハァ
更に私は昔から自分の無知を自覚してそれを補っていくことが大事だと思っていて
もっともっと情報が必要だ…!
ハァ
ハァ
でも最近
ハァ…
教育においては
あえて視野を狭くすることも必要かな?と思うのだ
どーした? お母さん走っちゃったよー
ハァ ハァ
フー
子どもたちが自分と周りを比較するのは大切な成長の過程
大丈夫 あなたなりに前に進んでるよ
だけどもう少し井の中の蛙でいられる時期があってもいいのかな
なんてね
ケロッ
その為にも私自身が周りに振り回されず
情報をコントロールしていくことを意識していかねばと思う
スパァンッッ
今は大海を知らずとも子どもたちが見ている空の青さを一緒に感じ
彼らにその「青さの素晴らしさ」を伝えることを
もっともっと大切にしていきたい

東京近郊「ちょい旅」オススメリスト

土日だけで遠出するのは難しくても、ちょっと足を延ばすだけで親子ともにリフレッシュできちゃいます。

覚悟を決めて挑むべし！　穴場アスレチック

『姫の沢公園』／静岡

『姫の沢公園』にあるアスレチックは無料で遊べるのにその充実度がすごい！　山の斜面に作られたアスレチックコースをめぐるのはちょっとした山登りのようなハードさ。アスレチックでは、バランスをとったり伸びたり縮んだり。全身を使って大人も子どももいい運動になりますよ。

◆姫の沢公園
住所：静岡県熱海市伊豆山字姫の沢 1164-1
電話：0557-83-5301
開園時間：終日開放（ビジターセンター 8:30～17:30）
休園日：年中無休（ビジターセンター 12月29日～1月3日休館）

都心からのアクセス抜群な遊んで学べる

『SORANO HOTEL』／東京

ホテル目の前の昭和記念公園（オススメは総延長14キロのサイクリングコース）、ホテルがある複合施設 GREEN SPRINGS 内の『PLAY! PARK』と、近辺に子連れに嬉しい施設が豊富にある立地がありがたい。一年中入れる屋上のインフィニティプールは息子たちのお気に入りです。

◆ SORANO HOTEL
住所：東京都立川市緑町 3-1 W1
電話：042-540-7777

予約困難!?　家族連れに大人気のキャンプ

『キャンプ・アンド・キャビンズ那須高原』／栃木

ファンの多いこちらのキャンプ場。サイトの種類も充実しているので、そのときの気分に応じたキャンプができるのが魅力。グランピングだと物足りないけれど、本格キャンプはハードルが高いという我が家も大好きな場所です。いつもと違う自然の中での非日常を、親切なスタッフさんや充実のアクティビティのおかげで快適に楽しめます。

◆キャンプ・アンド・キャビンズ那須高原
住所：栃木県那須郡那須町高久甲 5861-2
TEL：0287-64-4677
料金目安：11000円～（素泊まり・キャビン）

東京近郊ではないけれど……！

遊びながら学べる超おすすめ旅先　鳥取

◆山陰海岸国立公園　鳥取砂丘ビジターセンター
住所：鳥取県鳥取市福部町湯山 2164-971
電話：0857-22-0021
時間：9:00～17:00

「十《じゅう》二《に》月《がつ》」

DECEMBER

前半

冬至

——イベントに事欠かない、盛りだくさんの年末

いよいよ一年も終わり。慌ただしい年末年始に突入です。この時期は**イベントに事欠きません**ね。子どもと過ごすクリスマスやお正月は忙しくも楽しいものです。クリスマスツリーの飾りつけに、サンタさんへのお手紙。ポインセチアは冬の植物と教えるまでもなく町中で見かけることができます。

我が家では12月1日から始まる**アドベントカレンダーのポケットに**、**お菓子の代わりに子どもたちへの手紙**を入れます。**〝サッカーうまくなったね〟〝お手伝いしてくれてありがとう〟**一日ほんの一言だけのメッセージですが、子どもたちはとても嬉しそうです。

お正月に向けて、**年賀状**を書いたり、**大掃除**をしたりするのも子どもたちと一緒だとそれだけでイベントになります。大みそかには夜更かしをするのが楽しみな息子たちが果たして**除夜の鐘まで起きていられるか**も気になるところです。

そんな中、ちょっと存在が薄くなりがちな行事、**冬至**も楽しみたいところ。夜が一番長いこの日に、ちょっと理科的な話をするのも良いですし、**ゆず湯**と**カボチャ料理**は欠かせません。

余談ですが、我が家の息子たち、カボチャがあんまり好きではありません。そして、実は、私もカボチャがあんまり好きではありません。ということで、カボチャが食卓に上がるのはハロウィンか冬至かという感じ。褒められたことではありませんが、そんなこともあって、逆に（？）我が家にとっては印象深い夕食になるのが冬至の日でもあるのです。

慌ただしい年末ですが、子どもと一緒に有意義な時間を過ごして、一年を締めくくりましょう！

アオキのオススメ

12月前半情報

年末やることリスト

クリスマスに向けて……

- □ アドベントカレンダー

アドベントカレンダーのポケットに、お菓子の代わりに子どもたちへのメッセージを入れていきます。

- □ プレゼント選び

サンタさんに頼むプレゼントや友だちとのプレゼント交換のために、おもちゃ屋さんに足を運びます。何でもネットで買えてしまう時代ですが、たまには店舗に足を運ぶと、意外な出会いがあって楽しいです。

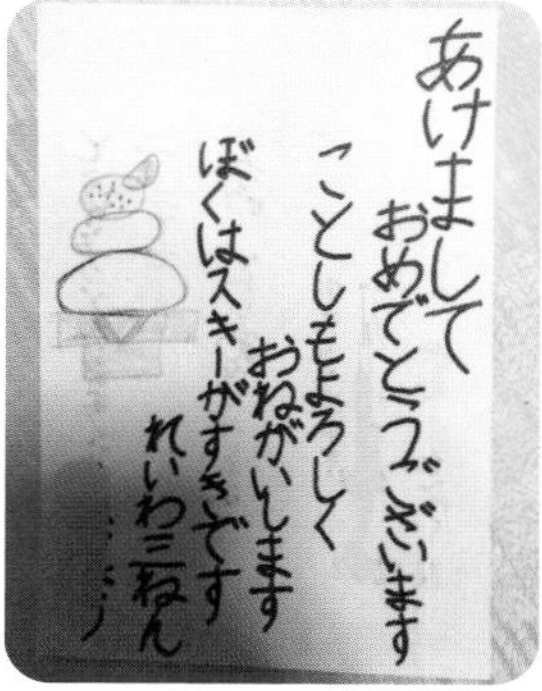

お正月に向けて……

- □ 大掃除

雑巾絞りに雑巾がけ、箒と塵取りの使い方等、お受験要素も多いのが大掃除です。

- □ 餅つき

年末に地域のイベントとして行われていることが多いです。つきたてのお餅は絶品ですよね。

- □ 年賀状作成

- □ お正月飾りの準備

十《じゅう》二《に》月《がつ》

DECEMBER

後半

お節作り

——お節の由来を話しながら

慌ただしい年末、皆さんいかがお過ごしですか。

この時期になんと言っても頭を悩ませるのがお節料理の準備です。子どもが好きなものがあまりないとか、年始に出かける予定があるとかいろいろ懸念はありつつ、でもやっぱりないと寂しいもんねと毎年用意します。買ってきたものをうまく組み合わせながらお重を埋める作業、結構嫌いじゃありません。とはいえ、2022年に初めてお取り寄せに挑戦して、おいしさに感動したので、2023年もお取り寄せをメインに、家では好きなものだけをつめた一段重を用意しようと思っています。

子どもと一緒に作れるオススメは、栗きんとん、田作り、伊達巻き、紅白なますに紅白かまぼこあたりでしょうか。栗きんとんを混ぜるお手伝いをしてもらったり、かまぼこを紅白順番に並べたり、伊達巻きははんぺんをミキサーにかけて意外と簡単に家で作れるので毎年作っています。完璧なできにはならなくてもお節の由来などを話しながら子どもと一緒に詰めればそれが最高のお節料理だと思っています。

穏やかな気持ちで新しい年を迎えられますよう、今年も一年ありがとうございました。

アオキのオススメ

12月後半情報

子どもと一緒に料理

「子どもと一緒に料理」のオススメは餃子作り！　我が家の次男とは週に１回餃子の日を決めて夕飯を作っていました。中身をいろいろ遊べますし、包む作業は一緒にできて楽しいですよね。「ぶんぶんチョッパー」は子どもと一緒にお料理するのに便利です！　友人で、お味噌汁が子どもの係という方がいて、それも素敵だなと思いました。

例えば「地球から見えない星を観察する基地を作ろう。観察できる大きな望遠鏡をつけよう」といったように、宇宙をテーマに想像力を広げ、自分の知識を活かして提案をすることがポイントです。

まずは
星から興味を広げよう

宇宙は、私たちの想像を超えるほど広大で神秘的な場所。地球を含む惑星、無数の星々、そして銀河が存在します。遠く離れた場所には我々がまだ発見していない恒星や惑星もたくさんあるでしょう。それを親がすべて説明することはとても難しいですよね。だから身近なところから少しずつ興味を広げていきましょう。

例えば冬の時期、見つけやすい星座は、鼓のような形のオリオン座です。オリオン座は、実は明るい１等星が２つもあるんですよ。赤い星が「ベテルギウス」、青白い星が「リゲル」です。真ん中に３つの星が並び、一度形を覚えるとすぐに見つけられるようになります。

疑問は知識を深めるチャンス

「なんで星の色が違うのだろう」
「星座って他にもあるのかな」
星を見ているとたくさんの疑問がわきますよね。

例えば星の色。オリオン座にも赤や青白い星などがあるように、同じ星座の星でも星の色が違います。星の色の違いは、星の表面温度の差によるものです。星の表面温度が高いと青白く、表面温度が低いと赤く見えることがわかっています。

星座以外にも空にはいろいろな形がある

冬の夜空には､星が作り出す大きな三角形があります。「オリオン座」のベテルギウスと「おおいぬ座」のシリウス、そして「こいぬ座」のプロキオンを結んでできる三角形を「冬の大三角」と呼びます。

星座にはドラマチックな神話が結び付けられたものも多くあります。図鑑の付録の DVD などを活用し、夜空と神話をあわせて楽しむのも良いでしょう。

同じ時間に空を見上げても季節によって見える星座が違います。空にはたくさんの星座がありますが、日にちが経つと見える星が変わっていきます。これは地球が太陽の周りを１年で１回まわっている「公転」によるものです。

夜空に光るものと言えば､月もありますね｡月はだいたい１ヵ月で満ち欠けを繰り返します。

新月、三日月、上弦の月、満月、下弦の月など、月の形によっていろいろな名前がつけられています。これらは中学受験にもつながる知識になりますね。

夜空に光る星や月を見て、親がどのような声がけをするのかによって子どもの興味の広がり方は変わります。あなたはお子さんとどのような話をしますか。

幼児教育のプロ・
大原英子先生が提案！

12月にやってみよう！

暗い夜空を見上げてみよう

冬は太陽が早く沈み、夕方には暗くなります。暗いと何だか寂しい気持ちになりますが、そんなときは空を見上げてみてください。冬は空気が澄み、星が良く見える季節です。親子で星座を探し、宇宙に思いを馳せてみましょう。

小学校の受験では「もしもある場所に行ったら」という想像を基にしたテーマが出題されます。中には、子どもたちが普段行けないような場所、例えば海の中、宇宙、ジャングルなどもあります。これらの問題は、それぞれの場所に関する詳細な知識を問うわけではありませんが、どのような場所なのかを想像する基礎知識は必要です。

子どもたちは自分の生活圏が世界のすべてと思いがちです。日常生活の中でさまざまな場所や環境について視野を広げていきましょう。

小学校受験で「宇宙」がテーマになることも

試験出題例

・みんなで自由に宇宙基地を作りましょう。
・宇宙人になれる洋服を作りましょう。
・宇宙に家を建てるとしたらどのような家にしたいですか。絵に描きましょう。
・宇宙人に地球の素敵なところを紹介する絵を描きましょう。

これらは、宇宙についての知識量を問うものではありません。大事なことは、子どもが年齢に合った興味を持っているか、また与えられたテーマに対し、「自分だったらどのように考えるか」というアイデアを形にできるか、が大事です。

例えば「宇宙に基地を作る」という課題の場合、そこで行いたい活動は何でしょうか？地球ではなく宇宙にわざわざ基地を作るのですから、宇宙でしかできないことを考えらえると良いですよね。

十二支のはじまり

文・絵　いもとようこ　1650円
／金の星社

息子たちが大ハマりして、しょっちゅう読み聞かせをリクエストされたのを覚えています。いろんな動物の性格が生き生き描かれているところが面白かったのかなと思います。

我が家の本棚を見てみたら、クリスマスの絵本がたくさんあることに気がつきました。シーズンに書店に行くと、気持ちの盛り上がりからついつい手にしてしまうのです。そうそう、何でもネットで買える時代ですが、我が家は新しい出会いを求めて書店や図書館によく行きます。そして、書棚を見て季節を味わうなんていうことも楽しんでいます。

行事のおはなし 12か月

作・左近蘭子　絵・くすはら順子
1320円／世界文化社

読みながら、私も「へー！」と思うことがたくさんありました。由来を知ると、行事をもっと楽しめますね。

おしょうがつ おめでとう はじまりの日！

作・ますだゆうこ　絵・たちもとみちこ
1540円／文溪堂

「お正月って何かな」「どんなことをするのかな」を教えてくれます。

子どもたちと年末年始に読みたい、オススメの絵本

クリスマスのねがい

文・いまむらあしこ　絵・ほりかわりまこ
1320円／女子パウロ会

心がほっこりあたたまるクリスマスの絵本です。

まどからおくりもの

作・絵　五味太郎　1100円／偕成社

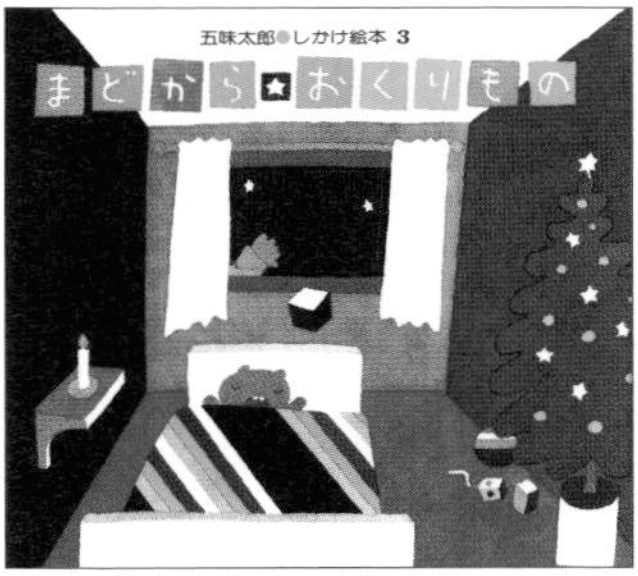

仕掛けが楽しくて、クスリと笑えるお話がかわいい絵本。私の母から息子たちへのプレゼントでした。

くりすますのおはなし

文・谷真介　絵・柿本幸造
1210円／女子パウロ会

「そもそもクリスマスってどんな日なの？」をやさしく教えてくれる絵本です。

サンタクロースってほんとに いるの？

文・てるおか いつこ　絵・すぎうら はんも
1100円／福音館書店

子どもの疑問にそっと答えてくれます。正解を求めるのではなく、こんな会話って素敵だなという気持ちで読みました。

「一《いち》月《がつ》」

JANUARY

前半

むかし遊び

——子どもと一緒に楽しく遊ぶ

お正月には凧あげてコマを回して遊びましょう♪　ということで、今回は**お正月の遊び**について考えてみたいと思います。

　私は子どもの頃、あまり旅行などをした覚えがないのですが、その分家ではたくさん遊びました。中でも、お正月と言えばなんと言っても**百人一首**で盛り上がったものです。個人戦のときもあれば、2チームに分かれて**源平合戦**をすることも。楽しかったなあ。息子たちにも早く百人一首を覚えてもらって一緒に盛り上がりたいのですが、なかなか道は遠そうです。

　百人一首ではなくてもお正月に**家族で楽しみたい遊び**はたくさんありますね。テレビゲームもいいですが、**昔ながらの遊び**には、もしかしたら教育としてもいいのでは

4 5 6 7 8 9 10 11 12 1 2 3

アオキのオススメ

1月前半情報

お正月以外にも楽しめる昔ながらの遊び

けん玉

言わずもがな、集中力、体の使い方などいろんなものが必要になりますよね。ちなみに私はできません。

めんこ

投げ方を工夫しないと裏返すのはとっても難しい。投げ方の練習につながると思います。

囲碁・将棋

まずは五目並べから。頭の体操です。『ななろのご』というのが囲碁入門におすすめ。将棋も子ども向けの簡単なものがあると思います。

紙でっぽう

めんこと同じく意外と手首のスナップなどコツが必要です。新聞紙で折るところから子どもとぜひ一緒に。

と思う要素が発見できます。例えば、**すごろく**。数を数えながら駒を進めるというのは子どもにはちょっとややこしいことです。さいころの目を見てパッと数を読み取るのも、子どもには難しいかもしれません。遊びの中でなら楽しく習得していけますね。**福笑い**は、改めて顔のパーツを考えることでお絵描きにつながるかも。オリジナルの福笑いを作っても楽しめます。**コマ回し**は意外と手先の器用さが必要です。ベーゴマになると私もちょっと怪しい（笑）。**凧あげ**は風の向きを考える理科的要素がありますし、**かるた**が文字を覚えるきっかけになるかも。**羽子板**で羽根つきをする動きは、あらゆる運動につながりそうです。

子どもと一緒に楽しく遊んで、いい一年を始められるといいですね。私も笑顔のお正月にしたいなあと思っています。百人一首もしばらくは坊主めくりを楽しみます。

「一月《いちがつ》」

JANUARY

後半

スキー

──スポーツを通して感じる子どもの成長

子どもの頃、ウィンタースポーツに縁のなかった私ですが、ここ最近は毎年家族でスキーに行きます。いろいろなスポーツに親しむことは人生を豊かにしますよね。年齢や**言葉を超えて通じ合うきっかけ**にもなるかなと思います。

自分がやらないこともあり、ママ友から、**幼稚園児でもスキーができる**ということを教えてもらったときは驚きました。実際に調べてみると、ゲレンデで開催されるキッズスキースクールって、**3歳から参加可能**なものなども多いのです。

そんな年齢から危なくないのかしらと最初は不安でしたが、あっという間に楽しく滑れるようになった息子たちを見ていると、「小さいときに始めるのも楽しみが増えてよいな」という気持ちになりました。

思い返してみると、私が**スポーツと縁遠いのって苦手意識が要因**と言えなくもないような気がするのです。気づいたときには、「やったことがない」「きっとできない」と感じることが増えていて……。**今考えるともったいない**ことも多かったかもしれません。

また、ゲレンデでの息子たちを見ていると、スキー場の暗黙の秩序に則って行動しているのを感じます。先生が誘導して並ばせてくれるわけでもないゲレンデで、周りの方との絶妙な距離を保ちながら楽しむ姿を見ると、**スポーツを通して成長するのは身体面だけではないのだろう**と感じるのです。

落語のススメ

次男が幼稚園のころ車で流していたラジオを覚えて真似していたのを見て、「どうせ真似をするなら、落語でも聞いてみたら?」と思い立ったのが落語に親しむきっかけでした。CDやDVDで落語にハマり、お気に入りの落語家さん(柳家喬太郎さん、柳家花緑さん、林家たい平さん)ができました。勉強のあとのご褒美が寄席に行くことになり、成績が良かったご褒美は座布団と扇子になりました。子ども向けの落語グッズもたくさんありますし、落語には季節を感じられる噺が多いので、親子で楽しむのにオススメです。ちなみに、次男は『目黒の秋刀魚』を聞いて、秋刀魚が大好きになりました。

初めて聞くならCD

三遊亭遊馬のこども落語

シリーズ9巻まで出ていて、いろいろな噺が聴けます。『時そば、桃太郎、寿限無』の巻は有名な噺なので初めて聞くのにちょうどよいです。

990円/パンローリング

目で見て楽しめるDVD

柳家喬太郎

寄席根多独演会

オリジナル部分のある『寿限無』は子どもにも面白いです。『孫、帰る』は子どもには難しいかもしれませんが、泣けます。喬太郎さんの話芸や動きには大人も子どもも引き込まれます。

花緑・きく姫の落語がいっぱいシリーズ

初心者にもわかりやすく落語をやってくださっているのと、落語以外の豆知識も収録されているのがとても良いです。一番聞き取りやすいと思います。

落語笑笑散歩

お江戸下町ぶらり

4180円/提供:ソニー・ミュージックレーベルズ/来福レーベル

大人も子どもも楽しめると思います。次男はこのDVDを観て、柳家喬太郎さんのファンになりました。

NHK「てれび絵本」

えほん寄席シリーズ

各2750円/ポニーキャニオン

アニメーションなので飽きずに観られます。場面を想像することも落語の面白さではありますが、子どもと落語との出会いにオススメです。

オススメおでかけ

寄席は、年齢制限があるところもあるのでチェックが必要ですが、落語が好きになったら親子で行ってみるのがオススメです。生で聞くお囃子も新鮮ですし、紙切りや太神楽などの色物も楽しめます! 落語の世界をより深く知るために、『江戸東京博物館』など昔の暮らしがわかる施設を訪れるのも良いですね。
また、子ども向けの落語イベントもいろいろと開催されています。落語を知らなくても楽しめる子ども向けの工夫が凝らされているようですよ。

絵本にも落語が!

川端誠

落語絵本シリーズ

作・川端誠
各1760円/クレヨンハウス

『まんじゅうこわい』『じゅげむ』『めぐろのさんま』や、『ばけものつかい』なども面白いです。落語なので声に出して読むのも面白い。

覚えてみよう！

門松

門松は、年神様が迷わずやってくるための目印となってくれる大切なものです。常緑の木である松は、成長の早い竹、新春に咲く梅で飾ります。松は繁栄の象徴とされて、昔は庭先に守り神として、一本松を植えている家もよく見かけました。

鏡餅

年神様へのお供え物です。お餅を2段重ねるのは「福が重なる」「円満に年を重ねる」という意味があります。

獅子舞

邪気や疫病神を祓い幸運をもたらすと言われている獅子舞は、子どもにとってちょっと怖い存在です。獅子舞は頭を噛みに来るので泣く子も多いですが、噛まれることで邪気が祓われる縁起物です。

その他にも正月に食べるお節料理は一つ一つに意味が込められています。昔の人はこのように季節行事を大事にし、想いや願いを込めたのですね。

お正月遊びを楽しもう

「もういくつ寝るとお正月♪　お正月には凧あげて♪」と昔から童謡に歌われているとおり、お正月には特有の遊びがいくつかあります。

凧あげ、コマ回し、羽根つき、福笑いなど、いずれも意味のある遊びだと知ったら驚くかもしれません。

凧あげは、子どもが元気に成長するように、またその願いが天まで届くようにという意味を持っています。

コマ回しは、くるくると回ることから、新年から物事が円滑に進むこと、また金回りが良くなることを祈ったと伝えられています。

羽根つきは、「邪気をはねよける」という意味のある邪気祓いの遊びです。

福笑いは「笑う門には福来たる」ということわざを遊びにしています。

昔ながらのゲームは地味に感じるかもしれませんが、コマを長く回すための工夫、凧を風に乗せる工夫などが満載で、子どもと一緒に大人も楽しめますよ。

幼児教育のプロ・
大原英子先生が提案！

1月にやってみよう！

季節行事や正月遊びを楽しもう！

日本には春・夏・秋・冬があり、季節の移り変わりとともに出会う花、草、実、虫たちが変化していきます。食べ物や服装も変わり、遊びも変わります。昔から行われている季節行事などもあります。グローバル社会だからこそ、自分の国のことをよく理解しておきたいものです。

新しい年を迎える１月は、この時期ならではの風習がたくさんあります。新年の支度や、お正月の過ごし方など、改めて日本のならわしを見つめ直し、家族で楽しんでみませんか？

小学校受験では、季節行事や昔から使われている道具などについて聞かれたり、しりとりに出題されたりします。日本の文化に深く根付いたものに注目してみましょう。

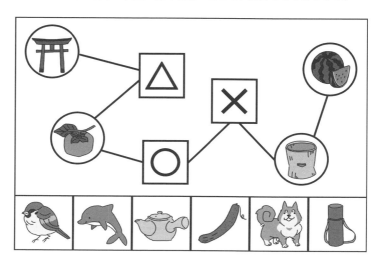

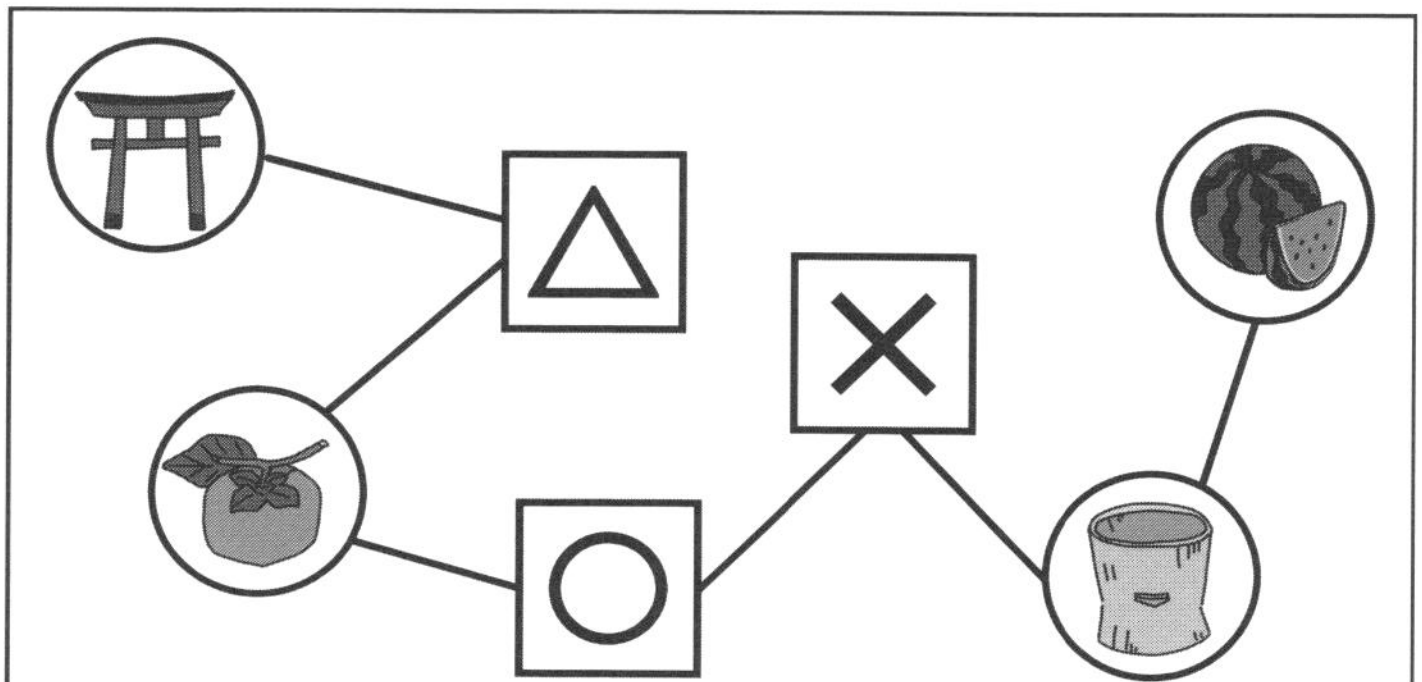

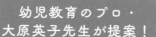

我が家の習い事事情

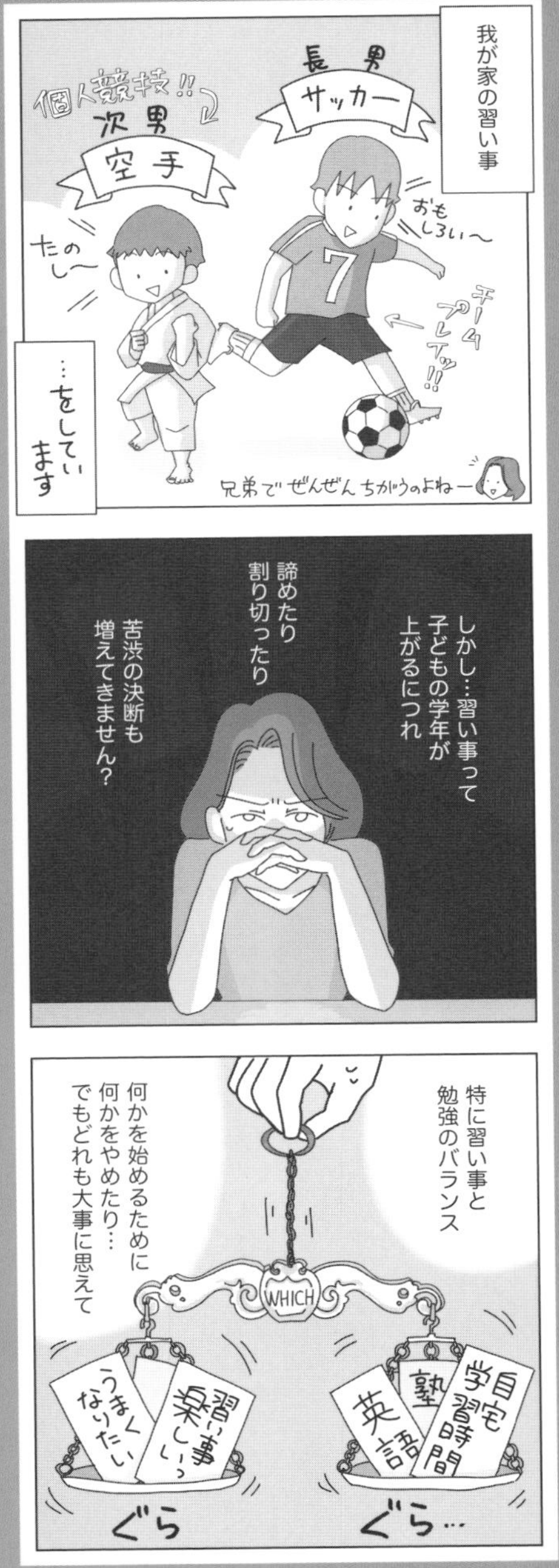

我が家の習い事
長男
サッカー
個人競技!!
次男
空手
おもしろい〜
たのし〜
チームプレイッ!!
…をしています
兄弟でぜんぜんちがうのよねー
しかし…習い事って子どもの学年が上がるにつれ
諦めたり割り切ったり
苦渋の決断も増えてきません?
特に習い事と勉強のバランス
何かを始めるために何かをやめたり…でもどれも大事に思えて
WHICH
自宅学習時間
塾
英語
習い事楽しいっ
うまくなりたい
ぐら
ぐら…

114

とはいえ習い事も勉強も全部完璧にしてたら
ヒィ～!!
1週間が7日じゃ足りないよ～
MON TUE WED THU
心の底から本当にそう思ってるんだよ!!
好きなこと見つけてね
思い切り打ち込めるのは素晴らしい!
と、私は声をかけながら
でもそれで勉強がおろそかになったらどうしよう……
と、不安である。
私はかくも欲深き親なのだ
※本日も建て前なし本音で暗い欲望まであえてお話ししております
もし我が子が
バブ バブ
タラララ～
まあこのバブちゃん
もうショパン弾いて作曲もしてる!?
…というような明らかな天才児なら私も覚悟を決めて「習い事」に振り切ることができたろう
だけど、何事にもそれなりの努力を要する我が子たちは
「努力できる」という点だけでもはやスバラしくすごいことと分かっているが
エラいぞ

先の見えない
これからの時代を
決して非凡ではない
能力を駆使して
生きていかねばならない
Mon Tue Wed Thu Fri Sat Sun
WAHAHAHA
ま、いくら
言ってみたところで
1週間は7日しかなく
物事はなるようにしか
ならない
QUE SERA SERA
だから この決断…
バランスの取り方が
彼らの人生に影響を与えないか…
不安である
ドキドキ
勉強
結局
親は無償の愛で
応援することしか
できないのかもなぁ
と思う今日この頃なんです…

中学受験のプロ・矢野耕平先生が解説！②

『中学受験をする場合の、親の心得をアドバイス』

中学受験専門塾『スタジオキャンパス』を設立し、『令和の中学受験　保護者のための参考書』（講談社＋α新書）の著者でもある矢野耕平先生。ここでは中学受験をもし選ぶ場合、親はどのような心得を持つべきか教えていただいた。

本書P57に掲載の青木裕子さんのコラムに「数字を上げることだけを考えるのは性に合っていました」と記述されているのを見て、わたしは「ああ、この方は学ぶことを苦にしなかったのだなあ」と感心させられました。

わたしは中学受験専門塾を営んでいます。前職の大手塾勤務を含めると、中学受験の世界に約30年従事しています。2015年以降は首都圏の中学受験者数が上昇傾向にあり、この世界は活況を呈しています。

さて、何かがブームになるということは、それまでその世界に目を向けていなかった人たちまで巻き込むということです。中学受験もその例外ではありません。しかしながら、中学受験が盛況を博すにつれ、中学受験の世界を歪めてしまう問題が散見されるようになったとわたしは感じています。

簡単に言えば、保護者自身がそもそも勉強を好きではない、勉強をつらく思う、勉強に苦痛を覚えているのに、「周囲が中学受験するから」といった短絡的な動機で、わが子に中学受験の道を選択させてしまうようなケースが年々増えているように感じられるのです。

「中学受験は親の受験」と形容されることがありますが、これはわたしからすると半分正解で半分間違いです。中学受験勉強に精励するのは「わが子」であり、入試本番に臨むのは「わが子」であり、合格した学校に通うのも「わが子」であり、これを踏まえると中学受験の主役は「わが子」にほかなりません。一方で、中学受験は順風満帆にはいかない世界です。思うように成績が上がらず惨めな思いをしたり、何もかも投げ出したくなったりすることがあるでしょう。また、宿題がうまく終えられず、うつむいて塾に通う日だってあるかもしれません。それこそ、第

1志望校の不合格を突き付けられることだって十分に考えられます。そんなときに、わが子を支えてやれるのは周囲の大人たち、とりわけ保護者でしょう。子どもたちは保護者の顔色を見て物事の善悪の尺度にするくらいですから、それは当たり前のことです。

さて、中学受験を通じ、紆余曲折を経て、学力的にも精神的にもぐんぐん伸長していくタイプの子には共通点が見出せるとわたしは考えています。それは、「勉強そのものが好きな」子どもたちです。もちろん、先述したように中学受験勉強の途上で「つらい経験」「苦しい経験」をすることもあるでしょうが、中学入試で課される「算数」「国語」「理科」「社会」の学習は、それまで子どもたちが知らなかった事柄に触れられる貴重な機会です。言い換えれば、中学受験勉強はわが子の見る景色を大きく広げてくれるのです。たとえば、中学入試レベルの社会（地理・歴史・公民の3分野）に取り組んだ子どもたちと、そうでない子どもたちが目にする「ニュース番組」では、受け取る情報量が格段にちがってくるでしょう。子どもたちの日常生活のいわゆる「背景知識」を授けてくれるのが中学受験勉強なのです。そして、こういう姿勢で学ぶことに前向きになれる子どもたちの傍では必ずといっていいほど「勉強が好きな保護者」「勉強を面白がれる保護者」が見守っているものです。保護者が「勉強」そのものを好いていると、それが子どもに自然と伝わっていく。そういうものだとわたしは思っています。

ここまで一読された方はもうおわかりでしょう。

そうです。「勉強を好きでない」「勉強をつらく思う」「勉強に苦痛を覚える」ような保護者のその姿勢は、わが子にそのまま「感染」してしまいます。そして、保護者が中学受験勉強そのものに意義を見出せないと、「一流大学の合格実績に秀でた学校」とか、「偏差値が1ポイントでも高い学校」とか……そういう無味乾燥な目的達成のための中学受験をわが子に課すことになってしまうケースがよく見られるのです。皮肉なことですが、勉強嫌いの子がこの手の学校に合格するのは言うまでもなく難しいでしょう。そして、中学受験をきっかけに親子関係が悪化するだけでなく、わが子が学ぶことを放棄してしまうようになることだって考えられるのです。

わたしは保護者が「高学歴（一流といわれる学校歴を有していること）」であるべきと申し上げるつもりは毛頭ありません。世間的にはいわゆる「高学歴」に分類されたとしても「勉強嫌い」の人はごまんといます。反対に、大学とは縁のなかった人であっても「勉強好き」は大勢います。

「勉強」という「いかめしい」表現がよくないのかもしれませんね。ここでいう「勉強好き」「勉強嫌い」を、「学ぶことが好き」「学ぶことが嫌い」と置き換えてみましょう。

別に「算数」「国語」「理科」「社会」といった科目学習でなくても構わないのです。何かを学ぶ楽しさ、面白さをわが子と共有することが、わが子の学習姿勢の基盤になるのだとわたしは考えています。

わが子が中学受験をするから……ではなく、わが子の毎日は発見の連続である、だから、保護者としてわが子の視線を見守りつつ、わが子の興味関心の枝を伸ばせるように声をかけてやる。これって、小学校に入る以前から保護者がなすべきことと同じではないでしょうか。

「受験のために……」なんて、それこそ面白くない考え方です。どうせ、小学校受験、あるいは、中学受験の道をわが子に進ませるのであれば、その大きなイベントを「利用」して、親子で学ぶことを存分に楽しめば、結果として素晴らしい結果が待っているのではないかとわたしは考えます。これはp58～の解説①でも申し上げたことです。

申し添えますが、「保護者が勉強嫌いであれば、わが子を中学受験させるべきではない」とわたしは言いたいわけではありません。保護者の「勉強嫌い」の過去は変えられないでしょうし、中高一貫校で6年間の生活を送ることの魅力を知って、わたしたち親では味わえなかった環境で……と望んで中学受験を検討される保護者が大勢いるはずです。このような方にはわたしから2点のアドバイスを。1つは、わが子が中学受験勉強をスタートさせたら、いっしょに問題を解いて、いっしょに悩んであげましょう。別に保護者が問題を解けなくたって一向に構いませんし、それは恥ずかしいことではありません。わが子の目線で、「勉強って難しいね。でも、わかると楽しいね」と伝えてやってほしいのです。保護者がそれをきっかけにこれから「勉強を好きになる」ことだってあるのです。そして、もう1つは、わたしたち塾講師を頼ってもらいたいと思います。子どもたちを指導する職に就いている人間は概して「勉強を好む」「勉強を面白がれる」タイプが多いのです（「全員が……」と言い切れないのが残念なところですが）。わたしは中学受験指導を通じて子どもたちに世界の広がる楽しさを知ってもらえるよう、前向きに学べるように導いていきたいと思っています。

「二月《にがつ》」 FEBRUARY

前半

味噌作り

——食材を通した学び

ここ3年ほど、この時期に子どもと一緒に取り組んでいるのが**味噌作り**です。

先日、長男に「お母さん、今年もあれやるよね」と言われて、「おっ」と思いました。**味噌を手作りするって素敵だし、実際できたお味噌はおいしいし、良い経験だ**と思ってはいましたが、正直子どもたちが楽しんでいるかどうかは自信がなかったのです（ちょっとめんどくさいと思い始めているのではと心配していました）。でも、今回、長男からリクエストがあったことで、皆さんにも胸を張ってお勧めできます（笑）。

子どもと一緒に味噌作りをお勧めする理由、まずは**とても身近な食品だということ**です。毎日お味噌汁を飲むたびに、「これ僕が作ったお味噌だよ！」と思えるのっ**て子どものやりがいにつながります**。

次に、何より、**作る過程の楽しさ**が理由です。大豆をつぶしていく作業は、単純ですし、形の変化があるので、興味深く取り組めます。丸めるのも子どもがお手伝いし**やすい楽しめるポイント**。「大豆からできる食品ってたくさんあるね」と話をすれば、**同じ食材がさまざまに変化するということを学ぶ良い機会**になると思います。

寝かせる期間が半年ほどと長いですが、せっかくなので、できたお味噌で、毎日のお味噌汁作りを一緒にするのも良いですよね。

具材を子どもに考えてもらうと、なかなか新しいお味噌汁ができ上がります。更に、具材にするための野菜も育ててみようと考えたら……。どんどん楽しみが広がります。

日常の小さなことをきっかけにグーンと学びが広がるのって理想的だと思うのです。

【二《に》月《がつ》】 FEBRUARY

後半

スキー合宿
——子どもと親、それぞれの自立

〝親子で楽しむ〟とは違いますが、今回は子どもの合宿体験について書こうと思います。

宿泊を伴う体験教室には長男は小学校1年生から、次男は年中から参加しています。**二人の初体験時期が違うのはそれぞれの性格を考えてのこと**です。どちらかというと慎重派で初めての場所に慣れるのに時間がかかる長男と、「僕の特技は新しいお友だちを作ること！」と言ってのける次男。「行かせて大丈夫」と思える時期が違いました。

子どもが不安に感じているのに、無理やり行かせる必要はないと思いますが、**合宿って子どもを成長させるな**あと毎回感じます。やはり、親元を離れて、自分で自分のことをしなければいけないという状況は、子どもにとって覚悟を必要とするのでしょう。

そして、**大きな覚悟を持って乗り越えた経験は大きな自信につながる**と感じています。最初は、同じ服を3日間連続で着ていたり、洗濯物と未使用の洋服が全部一緒に入っていたりと、帰ってきてびっくりすることもありましたが、それも自分でちゃんとやった証拠。〝**生きる力**〟が備わってきているのかなと嬉しく感じました。

冒頭で〝親子で楽しむとは違いますが〟と書きましたが、**事前準備を親子でしっかりする時間も有意義**です。家族旅行だとどうしても私が子どもたちの分まで準備してしまいがちですが、合宿では違います。しおりを見ながら自分で持っていくものを決めて、荷造りします。**どこに何をどうやって入れると使いやすいのか、実はそんなところにも学びがあります。**

去年まではキャラクターがついているパジャマだったのに、今年は「それは嫌」と言われて成長を感じるなんてことも。事前に主催団体や活動内容などをしっかりリサーチして、安心して送り出せるとよいですね。

実は、待っている私が寂しくて仕方ないのですが、それはそれで子離れの練習だと思っています。

料理は買い物から始まっている

子どもが料理のお手伝いをするときは、冷蔵庫のものを取り出して、洗う、皮をむく、切る、などの工程の一部を担当しがちですが、ぜひ買い物からはじめてください。今は季節によらず一年中、野菜や魚が並んでいますが、日本には四季があり食材には「旬」があります。「旬」は食べ物がおいしく栄養価が高い時期です。子どもが「旬」を知ることも学びになります。

実は、「和食」はユネスコ無形文化遺産に登録されているのですよ。自然を尊重し季節感を大事にする日本人の心が和食には表れています。季節感が薄れている現代ですが、旬を意識することは健康にもよいですし、心も豊かになりますね。

食材を買いそろえたらいよいよ調理

料理をする際は、段取りを考えることが大事です。温かい状態で食べたいものは後で作ったり、野菜は火の通り具合に注意が必要だったり。でき上がり時間や食材の特性を考え、逆算して計画を立てます。親子での料理は、子どもが段取りを学ぶ良い機会です。「にんじんは固いから最初に、白菜は後で」と声をかけることで、子どもは計画性を自然に学びます。料理を通じて、学習や仕事に役立つ段取り力を身につけられると素敵ですよね。

テーブル拭きや絞り方も学びになる

料理をテーブルに並べる前に子どもと一緒にぜひテーブルを拭いてみてください。四角いテーブルを丸く拭いたりせずに端から端まで丁寧に拭くことを目指しましょう。

使った布巾は洗いましょう。子どもは布巾の絞り方も知りません。親も一緒に行うことで「あれ？　何が正しいやり方なのだろう」と改めて疑問に感じることが出てきますよね。そうしたら大人も学びのチャンス。一緒に調べてみてくださいね。

配膳のルールも覚えておこう

和食の配膳位置を正しく知っていますか。お茶碗は左側？　右側？　魚の頭は左側？　右側？　毎日の食事の機会に少し気を付けることで子どもの学びになります。

幼児教育のプロ・
大原英子先生が提案！

2月にやってみよう！

食事の準備は学びがいっぱい

毎日当たり前のように行っている食事の準備や片づけですが、実は生活の知恵や工夫が詰まっています。食事の準備を手際よく行うには段取り力が求められます。子どもの年齢に応じて少しずつお手伝いをお願いしていきましょう。

「子どもと料理をするといつもより余計に時間がかかって大変」という気持ちもあるかもしれません。そのような方は、週末や長い休みのときに子どもと食事の準備をするなど、時間と心の余裕があるときにやってみてくださいね。

小学校受験では自立した生活が見られている

・机の上にラップ、水の入ったペットボトル（500ml）1本、ペーパータオル、おわんが浮いている水の入った洗面器が用意されている。
→おわんを取り出してふいてから、ペットボトルの水をおわんに入れて、ラップでおわんにふたをしましょう。

・ランチョンマットの上に、フォーク、はし、スプーン、カップ、ソーサー、模擬のケーキが載った皿、模擬のドーナッツが載った皿がある。脇にはトレーが置いてある。
→先生をお客様だと思って、ケーキと飲み物を先生のところに運んできてください。

小学校受験の試験では、親がすべてを準備して子どもがただ食事をするだけではなく、家族の一員として自分で生活を管理できるかどうか、子どもの「自立」も見られています。

3 MARCH

「三《さん》月《がつ》」

前半

イチゴ狩り

──会話をしながら楽しむのがコツ

暖かい日が増えてきて、お出かけしたい気持ちが盛り上がっているのではないでしょうか。

我が家では、**小学校に上がるまでは春になったらすぐにイチゴ狩り**に行っていました。年明けすぐから始まるイチゴ狩りシーズンですが、**イチゴは春**と記憶してほしかったので、暖かくなるまで待つようにしていました。

イチゴ＝春と、イメージが定着した今では、ちょっと早めのイチゴ狩りも解禁していますが、何でもいつでも手に入る現代だからこそ、子育てではあえて季節を意識することも必要なのかなと思いもします。冬のスイカも、常夏のお正月も良いけれど、子どもと一緒に四季を味わうこともそれはそれで良いものです。

そして、**ただ「イチゴがおいしかった」というだけの記憶にならないように**たくさん**会話**をしながら（もしくはあとから会話を思い出して）楽しむことも大切です。

実は、私、イチゴ狩りについて、反省をしたことがあります。長男が幼稚園年中くらいの頃、お絵描きで描いたイチゴが、なんと、木になっていたのです（笑）。すでに、何度かイチゴ狩りに行ったことがあったので、思わず「なんで!?」と言ってしまったのですが、**子どもの記憶ってそんなもんなのだろう**と反省しました。イチゴ狩りをしているときに、何気なく「イチゴは低いところになっているからとりやすいね」なんていう会話をしていたら**また違う記憶**になっていたのかな、と。

さまざまな体験はそれだけで有意義な時間ですが、せっかくなので、その体験を通して子どもに気づきを与えられるような会話を意識したいと思ったのでした。ただし、**学ばせようというこちらの意図が透けて見えると、我が家の息子たちは一気に引いてしまう**ので、良い塩梅を心がけるのが親の力の見せどころだと思っています。

親でも新学期が苦手です

また新学期が始まりますね
実は私 新学期が苦手です
親なのに…
長い休み期間中 子どもたちといろんな体験を共にし
彼らの楽しそうな様子や成長を見ることが私にとって至福
だからさみしいっ もっとお休みが長かったらなぁ!!
子どもが休みの方が嬉しいなんてすごいね!?
ママ・パパ友たち
大変じゃん!?
だって新学期って凄く緊張しません!?
親もっっ
それもわかるけど
準備もいろいろやり忘れてないかと緊張するし…
上ばきサイズは大丈夫かな?
クリーニング出したっけ?
あ〜 親でもそうだよね…
集団生活の中で見るとどうしても周りと我が子を見比べちゃう自分が嫌になったり…
うっ…
親だからこそ誰しも身に覚えが…
あと単純に毎朝早起きがツライ
チュン…
う…
わかるっっ!!
親もヒトの子…
白状します…
「ちゃんとした親」になるのは大変だ…お互い頑張りましょう!

MARCH

食べやすいおにぎりをメインに、
フルーツなども入れて彩り豊かなお弁当に。

お花見弁当

——花より団子だからこそ

桜が見ごろを迎えています。お弁当を持って**お花見**に行くのにぴったりの季節です。ここ何年かは、レジャーシートを敷いてゆっくりお弁当を食べることもはばかられる状況でしたが、今年は**広い公園でのお花見**を楽しみたいなあという気分です。

子どもたちは**花より団子**、もしかしたら団子より公園遊びかもしれませんが、ピクニックというだけでワクワクするのは大人も子どもも共通ですね。私は、**お弁当作り**が比較的好きなので（決して得意ではありませんが）、お花見のお弁当は何にしようか考えるのも楽しみです。特別なものではなくても、お弁当箱というのは、料理に特別感を

アオキのオススメ

3月後半情報

イベントごとにお弁当もひと工夫

いろいろ試していたら、子どもたちからも「クリスマスっぽいお弁当で！」なんてリクエストが来るようになりました。あくまで自己満足なので完成度を求めすぎないのがコツ（笑）かも。

こどもの日

節分

キャラ弁

ハロウィン

卒園式

クリスマス

プラスしてくれるものです。

工作でお弁当を作ろうとなったとき、子どもたちはどんなお弁当をイメージするでしょうか。

お弁当に入っていると嬉しいものをいくつか思い浮かべることができるというのは**幸せな記憶**になりますね。

まあ、幼稚園のお弁当も含めて、頑張っていたつもりなのに、息子が工作で〝ざるそば弁当〟を制作したときには苦笑してしまいましたが。その他にも、折り紙でニンジンが丸々一本入ったお弁当を作っていましたし、**親がお弁当作りを頑張る≠子どもが工作で上手なお弁当を制作する**ではないと身をもって実感しています。また逆もしかり。それでも、親の心子知らずとは感じつつ、楽しかった思い出として、**心のどこかに刻まれていれば**と一縷《いちる》の望みを持ち続けています（笑）。

さ：最高だね
し：知らなかった！
す：素敵だね
せ：先生！
そ：そうなんだ！

大人から見れば物足りないことは多いですが、少し気になることがあっても封印し、あえて「最高」と言い切って。

知らなかった！……親よりも知っていることがあるということは子どもの自尊心をくすぐります。もっと調べて、もっと驚かせようとするはず。

素敵だね……これは我が子に対して、どんなときでも使えます。また子どもと一緒に他の子のふるまいを「素敵だね」と言うことも大切。人の良いところを認められる子になりますよ。

先生！……たとえば虫のことに詳しかったら「虫先生」、縄跳びが得意なら「縄跳び先生」など。子どもの得意なことに先生をつけてみてください。

そうなんだ！……子どもの話に共感して聞くことはとても大事。まずは「そうなんだ」と受容してください。

行動を変える声がけ

おもちゃが出しっぱなしになっている、着替えが遅い……。このようなときに、穏やかに言ってられないと思うかもしれません。いつもと少しやり方を変えて、お互い心穏やかに生活するための声がけバリエーションを持っておくと、イライラしにくくなります。

質問形式＆褒め褒め作戦

- 「もうすぐ時間だから片づけしてね」（先に片づけを意識させる）
  片づけ始めたら→「え？　自分で片づけてるの？　素敵」
  片づけおわったら→「もう片づけたの？　自分で全部やったの？　すごーい!!」

競争作戦

- 「今日は○○ちゃんが着替える時間と、お父さん（お母さん）が着替える時間、どっちが早いか競争ね」「え？　もうパジャマ脱げたの？　お父さんより早いね」と声に出しながら進める（ぎりぎりのところで子どもが勝つ）
- 「あーあと少しだったのにお父さん（お母さん）が負けちゃった。いつもより早かったんじゃない？　じゃ、明日も競争だね」

その他にもやり方を聞く

- 「どうやったらこんなに上手にできるの？　教えて」
- 時間をタイマーではかる
- 運動会の定番曲「天国と地獄」などをかけて作業を行う　なども有効です

横ではなく、縦で褒める

子育てはついつい周りと比較し、焦ってしまいがち。「縦で褒める」ということは、他者と比べるのではなく、その子が以前よりも成長したところやその努力の過程を褒めるということです。子ども自身の日々の成長を見逃さず、小さなことでも、「よく頑張ったね！」と認めていきましょう。

幼児教育のプロ・
大原英子先生が提案！

3月にやってみよう！

子どもを伸ばす親の声がけ

小学校受験は「家族の受験」と言われます。それは子どもの思考力や対応力だけでなく、親が子育てにどのように向き合っているかが問われる受験だからです。面接では「親が日々の子育ての中でどれだけ子どもに目と心を向けているか」が問われています。

小学校受験の面接で問われる「親の姿勢」

面接質問例

・お子様の成長を感じた瞬間はどのようなときですか。
・子育てをしていて、楽しいと感じるときはどのようなときですか。
・子育てで困難に直面したとき、誰に相談しますか。
・お子様との会話の中で、成長を感じたエピソードはありますか。
・ご夫婦で、お互いの子育てに点数をつけるとしたら、何点ですか。
・また、その理由は何ですか。
・将来子どもが大人になったとき、どのような人になってほしいですか。

これらの質問は、受験をしない方にとっても子育てについて考えるきっかけとなります。ぜひ私だったら、と考えてみてください。もし答えに窮する場合は、少し子どもの成長や家族の関わりに目を向けてみませんか。

声がけを
変えてみよう！

子どもの興味を広げる声がけ

子どもはお父さんやお母さんが大好き。親の言葉のかけ方で子どもが変わっていきます。手を出してサポートするのではなく、声がけで子どもの成長をサポートしていきましょう！

子どもは体験をしたことや、発見をしたことを、意気揚々と話したくなるもの。会話の中で答えを与えるだけではなく、子ども自身の探究心を伸ばす言葉がけ「子育てのさしすせそ」を使ってみてください。

最高だね……子どもが頑張ったとき、褒めたあとに小言を言いがちではありませんか？

もともと読書好きですが、親になって、内容の捉え方が変化してきたように思います。また、教育関係の本も多く読むようになりました。どうしても近視眼的になりがちな子育て中こそ、読書がさまざまな考え方や世界への架け橋になってくれると感じています。ここでは特に、親としてグッと来た、考えさせられた言葉と共に、いくつかの本をご紹介します!

リエゾン
ーこどものこころ診療所ー

原作・漫画　ヨンチャン　原作　竹村優作
704円／講談社

あの子達はまだ……自分の人生にいくつもの選択肢があることを知らないから、親が何を与えるかで決まるんだなって。

正欲

著・朝井リョウ　935円／新潮社

自分はあくまで理解する側だって思ってる奴らが一番嫌いだ。

ぼくはイエローで
ホワイトで、
ちょっとブルー

著・ブレイディみかこ　693円／新潮社

僕は、人間は人をいじめるのが好きなんじゃないと思う。……罰するのが好きなんだ。

きみは赤ちゃん

著・川上未映子　792円／文藝春秋

わたしはきみに会うために生まれてきたんじゃないかと思うくらいに、きみに会えて本当にうれしい。

子育てで影響を受けた本 9

予約殺到の東大卒スーパー家庭教師が教える

中学受験 自走モードにするために親ができること

著・長谷川智也　1650円／講談社

「『ハリー・ポッター』シリーズ全巻を読んだ子は合格する」これは僕の中で、まだ破られていないジンクスです。

ヒトの発達の謎を解く

――胎児期から人類の未来まで

著・明和政子　990円／筑摩書房

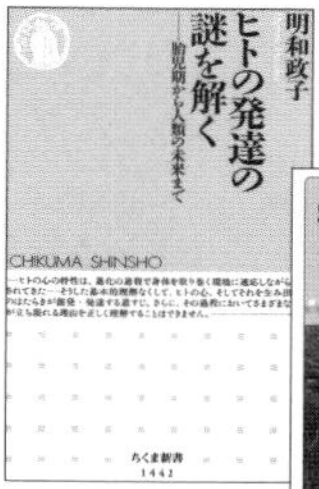

未来の子どもたちの脳と心が育つ環境を安易に提案、設計していくことは危険を伴うでしょう。

共感をもって聞くことも（むしろ聞くことこそ）重要です。

学び合い、発信する技術

アカデミックスキルの基礎

著・林直亨　902円／岩波書店

ほんとうのリーダーのみつけかた 増補版

著・梨木香歩　880円／岩波書店

どうか一つひとつの言葉を蔑ろにせず、大切にしてください。

君たちはどう生きるか

著・吉野源三郎　1430円／マガジンハウス

人間て、ほんとに分子みたいなものだね。

青木裕子の悩み考える育児

FRaUwebで『子育て歳時記』と同時に連載中の青木さんのエッセイ『子どもにとって〝いい教育〟って？』。青木さんの日々のモヤモヤや悩みが綴られている連載から、とくに反響が大きかった2本を収録します。

COLUMN

「タイプの違う兄弟」育児で「しないように」していること

落語にハマる5歳の次男

「ひらばやし♪　ひらばやし♪」

「サンマはめぐろにかぎる！」

「じゅげむじゅげむごこうの……」

最近、次男が落語にハマっている。もともとおしゃべりな上に、暇さえあれば落語のセリフをつぶやくのでとても賑やかだ。先日ちょっとしたご褒美に扇子を買ったら、それはそれは嬉しかったようで、蕎麦の食べ方を熱心に研究している。

コロナ禍で車移動が増えて、息子が私の聞いていたラジオを覚えていたことがあり（運転中はずっとTBSラジオを聞いています）、どうせ覚えるなら落語でもと、CDを流したのがきっかけだ。寿限無を覚えてみる？　くらいの軽い気持ちだったのに、まさか〝大きくなったらなりたいもの〟の候補に落語家さんが加わるまでになるとは！　予想していなかった。

子どもの興味って何に反応するか予想ができないなあと思

う。そして、長男と次男があまりに違うことにも驚かされる。

私自身は三姉妹の長女だったので、男の子の成長をじっくりと見たことがなかった。だから、例えば長男が車のおもちゃに興味を持ったとき、「教えたわけじゃないのに好きになるものってあるんだなあ」と興味深く感じた。お散歩コースには消防署の前の道が組み込まれたし、車体番号を見ただけでトーマスの仲間たちの名前が言えるようになった。

で、次男。きっとお兄ちゃんのことを真似したがるんだろうなあ。おもちゃはたくさんあるからもう買わなくていいのかなあ……なんていう予想は、安直すぎた。

彼が好きになったのはプリンセスで、3歳のときのハロウィンに選んだのはミニーちゃんのお洋服。好きな遊びはお人形遊びやおままごとなど。〝速い・強い・かっこいい〟を求めていた長男とは違い、〝キラキラ・ふわふわ・かわいい〟ものに惹かれる次男を見て、子育て2回目でも、この子を育てるのは初めてなのだということをしみじみ感じたものだ。

2歳差の長男と次男、お互いのことが大好きで、仲良しな二人だけれど、やりたいことや好きなことは、今でも全然違う。

思い起こしてみれば、私と年子の妹（私が1月生まれで、妹は同じ年の12月生まれです）は、双子のような年齢差にもかかわらず、趣味嗜好は全然違う。妹は、私みたいにふらふらと流されることがなくて、自分の好きなものがしっかりあって突き進むタイプだ。それが時に要領の悪さにつながることもあるけれど、私は子どものころから妹のことをうらやましいと思うことが多かった。

兄弟を「比べない」

我が家の兄弟もきっと成長して、お互いに対していろんな思いを持つのだろう。そのときに、それぞれが自分自身に満足しているといいなと思う。だから可能な限り、教育という観点からも、二人それぞれに向き合うことを意識しようと思っている。

お兄ちゃんがやっているから、ではなくて、本人がどう思うかをじっくり検討すること。お兄ちゃんはこうだったのに、と比べないこと（あるいは、弟でもできるのにと比べないこと）。

書き出してみると当たり前なのだけど、やり通すのは結構大変だ。

同じ習い事に行ってくれた方が楽だし、長男のときの経験からくる思い込みを払拭するのは難しい。「これくらいのことできるはずじゃないの？」とついつい思ってしまうのだ（逆もまたしかり。「お兄ちゃんはこんなことできなかったよ」というのは褒めているようで比べているだけなのでよくないなあと気をつけています)。

また、比べるということに関しては、兄弟間だけではなく周りと比べることも、意識して【しないように】しないといけないと思っている。

先述したように、次男の好みってとても個性的だ。私は、それを面白いと思っていたし、本人が好きなことを好きと言える環境を大切にしたいと思っている。でも習い事で、ピンクのボールを手に取った次男が、「男の子なのにピンク?」と言われているのを見て悲しくなったことがある。

彼自身も思うところがあったようで、それ以降ピンクは選ばなくなった。いやな思いをしないためには、みんなと同じことをするというのも生き抜くすべではあると思うけれど、やっぱり悲しかった。

子どもとしっかり向き合いたい

成長の過程に目安というのはあって、それは例えば△歳児健診みたいな場面で確認することが子育てには必要なのだと思う。でも、「周りと比べてこうだから」「みんながやっているから」という考えが行動の要因になるのはちょっと嫌だなと思うのだ(嫌だなとか悲しいとか私の気持ちを押し付けているのかもしれないという思いもありますが)。

「どんなお子さんですか?」と聞かれると、「どちらかというと可愛いものが好きなタイプです」と答えることが多かった次男だけど、今は、“空手に夢中”なんて一面も持ち合わせている。それでも変わらずぬいぐるみ好きで、特に大好きなレッサーパンダのぬいぐるみは宝物だ。

だから、彼がどんなタイプか、説明するのってとっても難しい。

人間だから、当たり前なんだけど。

でも、子育てしていると、ついつい「この子はこういう子だからこれが向いているはず」とか、「これくらいの年頃は……」なんて安直な思考に頼ろうとしてしまうことがあるなと。自戒の念を込めて、子どもとしっかり向き合うこと、何よりそれを大切にしようと思います。

今朝も車でDVDを観て、「この人の『時そば』はお蕎麦の食べ方がちょっと違うね」と次男。

「そうだね。落語って、お話が決まっていても、演じる人によって特徴があって、それぞれ違うのが良いよね」と、なんだか子育てにも通じそうなことをしみじみ感じたのでした。

いやはや、子育てって本当に面白いなあと思うのです。

(FRaUweb 2021年11月28日掲載)

COLUMN

まさかの帯状疱疹……「休めない性格」で気がついたこと

まさかの帯状疱疹が！

脇腹にプツプツができて、「いやだわ、ダニ？」なんて思っていたのだけど、いやに痛むので、病院に行ったところ帯状疱疹と診断された。処方された薬にはロキソニンも含まれていたから、「痛い」と〝言っていい〟痛さだったのだと思えて、実のところ少しほっとした。

痛みとか疲れとか、〝どれくらい〟をはかれないものに関して、あまり主張すべきではないかもと思ってしまうのは性格なのだけど、子どもを産んでからその傾向が強まっているような気がする。「これくらいの疲れは……」とか「これくらいの痛みは……」とか、声に出したところでどうしようもないことはあまり主張しないようになった。

ちょっと毛色が違うけど、満腹感にも鈍感になった。子どもが残したものを「もったいない」と食べていると、夫が驚いた顔をするのだけど、別にお腹が空いているわけじゃないのだ。それから、尿意なんかも気づきにくくなった。子どもといると、それどころじゃない場面が多すぎて、自分の感覚という感覚を鈍化させる癖がついているのかもしれない。

でも、今回は病名が付いて、お墨付きをいただいたから（この発想が間違っているのはわかっているんだけど）、大きな声で言ってもよいだろう。私は疲れているのだ。

子育てって本当にマルチタスクだ。何か【だけ】をしている時間っていったいどれくらいあるだろう。習い事の送迎をしながら夕飯の献立を組み立てたり、夕飯を作りながら兄弟げんかに耳をそばだてたり。いつもいくつかのタスクを同時にこなしている。体はもとより、頭が休む暇がないのだ。

体力と精神の疲れのちょうどいいバランス

しかしながら、実のところ、困ったことに、そもそも私は常に何かをしていたい性格でもある。更に言うと、全部自分でやりたい性格だ。苦手なことは、ぼーっとすることと、人に頼ること（他にもいろいろありますが）。できないことは、頭を空っぽにすること（ヨガとかで言われるじゃないですか。頭を空っぽにって。あれ、できないんです）。だから、子どもたちが学校や幼稚園に行っている間の一人時間にはめいいっぱい予定を入れてしまうし、隙間時間を有効活用したいのでいつも荷物が多い。

最近はずっと通っているピラティスに加えて、キックボクシングも習い始めた。体力向上とストレス発散に最適ですごく楽しい。

白髪が出始めてから月に1度は行くようになった美容院とか最近デビューしたまつげエクステも、〝ちょっと銀行〟とか〝スーパーで買い出し〟なんかと合わせて、子どもがいない時間、大体お昼の12時までには終わるようにスケジューリングする（お恥ずかしい話ではありますが家事は日中にはあまりやりません。床掃除はルンバとブラーバに頼って、水回りは気づいたときにやって汚れをためない）。

話がそれてしまったけど、要するに【体力的には】より疲れる毎日を自ら選択しているところはあるのだ。でも、動き続けているほうが【精神的に】バランスが取れるような気もする。

だから、「疲れた！」って大きな声で言って、雑多なもろもろを少し休んでみたいとも思うのだけど、うまくいかないのは自分自身の性分に因るところもあるので、うまく付き合っていくしかないのだろう。

子育てで大切にして良かったこと

ちなみに、会社員時代の後輩に子育てについて聞かれて、自分の実感として伝えたことに「子どもの就寝時間をきっちりしておくと自分のためにもなるよ」ということがあるのだけど、これって、私が私の性分とうまく付き合っていくために大切にしてきたことでもある。

うちの子たちは、寝る時間だけはきっちりしているのだ。基本的に20時台就寝。大河ドラマがある日曜日は20時45分に観終わって21時には寝付く。体内時計の正確さというかなんというか、とても助かっている。

子どもが寝る時間が読めるので、そのあとにこの本を読もうとか、あのドラマを観ようとか、幼稚園や学校関係の書類があったり領収書をまとめたりアイロンをかけたり、ちょこちょこやることをやりながら比較的ゆっくり好きなことをする時間になっている。

とにかく、私は自分の落ち着きのない性格を重々自覚しているつもり。で、子どもと接するときには、そんな自分を抑えるよう心がけている。

　そうしないと子どもと一緒にやりたいことや行きたいところが、どんどん浮かんでしまうのだ。「最近こういうことに興味があると言っていたな、だから、ここ行ってみたいな」とか「そろそろこういうことも楽しめるようになったんじゃないかな、やってみたいな」とか。

　ついつい前のめりになりがちなので、意識的にストップをかける。

「面白いものを見つける」チカラ

　子どもが受け身になるのは本意ではないし、ぼーっとする時間を奪うのも嫌だ。

　息子たちを見ていて思うのだけど、彼らにはぼーっとできる時間がとても短いのだ。ただ街を歩いているだけで、視覚的に訴えてくる広告が多くて常に情報が飛び込んでくる。電車に乗っていても、モニターには魅力的な映像広告が映し出されているから、ぼーっとしているようでも脳は刺激を受け続ける。

　更に、家で私みたいにうるさい母親が始終話しかけていては、休まる暇がないだろうと思う。「なんにもすることないな。何か面白いことないかな」って考えて、面白い壁の模様を見つけるみたいな、そんな時間があってもいいのかなと思うのだ。

　自分で面白いものを見つける努力って、今の時代にはあまり必要とされないのかもしれないけれど、私は幼少期は〝ぼーっ〟から生み出されるものも大切にしていきたいなと思うのだ（そんな思いもあって、我が家には自由に使えるiPadやゲーム機もないのだけど、そんな話はまたいつか書けたらよいなと思っています）。

　この原稿を書いているうちに、息子たちは夏休みに入り、子どもたちと過ごす時間がぐーんと長くなりました。楽しくも慌ただしい日々の中、普段以上に教育についていろいろと考える機会が増えそうです。うるさい母さんになりすぎないよう注意しながら、毎日を大切に過ごしていこうと思います。

（FRaUweb2021年8月9日掲載）

おわりに

この本の漫画部分は、大半が『子どもにとって〝いい教育〟って?』というタイトルのWEB連載コラムがもとになっている。コラム自体もこの本に何本か掲載されているが、その連載1回目で、私はこんなことを書いた。


子育てが好きだ。

もちろんイライラもざわざわもモヤモヤもいっぱいある。

私はそんなにできた人間じゃないから、毎日怒って怒って、叫んで叫んで、必死になって戦っている。傍から見たらこんな小さな子相手にそんなにカリカリしなくてもと思うんだろうなとか、もしかしたらこんな風に叱るよりも褒めて伸ばす効果的な方法があるのかもしれないとか、考え始めたら止まらない。

でも、そうやって考えることも含めて子育てが好きだ。子どもと一緒に過ごす時間はこの上なく楽しいし、成長を感じることが至福だし、彼らに喜んでもらうためならどんなことでもやりたいと思う。

私が産後半年のころに出会った、川上未映子さんの『きみは赤ちゃん』という本に（この本は私の気持ちを書いているんじゃないかというくらい共感することが多くて、妊娠した友だちに必ず勧める一冊です）、〝おなかの赤んぼうは100％こちらの都合でつくられた命で、100％こちらの都合で生まれてくる〞という言葉がある。

これは出生前検査を受けるべきか悩んでいる川上さんに友人が言った言葉だそうなのだけれど、子育て中だった私にも刺さった。

また別の章の〝すべての出産は、親のエゴ〞という言葉。だから産みたいと思う理由に優劣なんてないという文脈の中の言葉だったのだけど、子どもを産み育てることって本当にそういうことだよなあと感じる。

頭に血が上っているときに「なんでこの子は……」なんて思ってしまうことがあるのだけれど、この子を産んで育てようと決めたのは私なのだ。こう考えると自己責任論みたいで、しばしばこの〝責任〞という言葉が母親を苦しめるのだと思うのだけど、でも「子育てってそういうもの」と割り切ることで幾分楽になるところもあるのではないかなと思う。

私は子どもを産むまでは、なんとなくもう少し育児を感覚的なものだととらえていた気がする。当たり前の人生の一部というか生活の一部といった感じに。「まあ、放っておいても子は育つっていうし」とか「私自身がそんなに手塩にかけて育てられた記憶もないし大丈夫でしょ」とか「自然な子育てが一番！（何をもって自然というのかなんて深く考えていないのだけど）」とか。

でも、実際に子どもを前にしたら、そんなに単純なものじゃないぞという気持ちがムクムクと湧いてきた。というより、感覚的にやっていくだけだと、気持ち的にも現実的にも限界にぶつかったのだ。

当たり前だけど、この子は私じゃない。一人の独立した人格なのだということ。違う体で生まれて、違う環境で育って、違う時代を生きていく人間なのだ。だから、「私がこうだったから、これで大丈夫」という考えはちょっと通用しないかもしれない。初めてのことに挑むという意識をしっかりと持って、謙虚に子育てという壮大なプロジェクトに取り組んでみよう。そんな風に考えることで、私のスイッチが入った。

＊　＊　＊

書いたのは3年前だけど、この気持ちは基本的には変わっていない。

もちろん子どもの成長とともに悩みは変化してきたし、何より、子どもの年齢が上がるにつれ、いろいろしたくても何もできないという場面が増えてきた。これはこれで、新たな悩みで、「手がかかって大変！」よりも、「何もできなくて悲しい」というほうが、精神的にはきついなんてことを痛感している。これからもきっと、内容は変化しても悩まなくなるということはないいんだろうなあ。

そう、子育てには悩みが尽きないのだ。

どんなに時代が変わっても子育てが楽になることはない。

宝槻先生との対談で、「子育てって大変ですよね」と思わずつぶやいたら、「当たり前です。子育てを簡単なものにしないで」と言われて、はっとした。女性も社会で活躍する時代で、だからお母さんの負担を軽くするために、子育ては「そんなに考えすぎなくていい」と言われることが増えたと感じている。

でも、「最近の子どもは以前より手をかけなくてもいい子に育つようになりました」なんてことは絶対にないと思うのだ。

子育てに参加する人の数や立場が変わって、誰がどうやって担うかは変わっても、大人がちゃんと子どもに寄り添わなくてはいけないことに変わりはない。効率を求める現代において、これほど非効率なことはないとも感じるけど、私はそう思う。

だから、楽をするんじゃなくて、楽しむ子育てを考えていきたい。親も一緒に楽しめたり、やりがいを持って取り組めたりしたらいいなと思うのだ。

この本を通して、一つでも子どもと一緒にやってみたいことが見つかったり、教育に前向きになる考え方が見つかったりしていたら、本当に嬉しい。

最後になりましたが、この本は、大原英子先生、矢野耕平先生、宝槻泰伸先生のご協力のおかげで、読者の方々に胸を張ってお勧めできる本になりました。心より御礼申し上げます。

私の取り留めのないコラムをわかりやすく親しみやすい漫画に仕上げて下さったたぬポンドさん、プロの仕事に感動いたしました。そして、編集の瀬尾さん。同じ子育て中のママということで、本の話をしていたはずがいつの間にか英語塾の話になっていたり、時にはお互いの子どもの学級閉鎖で連絡が滞ったり（笑）、私のわがままをたくさん受け止めて奔走してくださりありがとうございました。

繰り返しになりますが、私は子育て成功者ではありません。でも、そんな私の悩み考えながらの子育てを面白がってくれる方がいて、こうして形になるまで皆さんのご協力を得られたことに心より感動しています。母親としての人生を楽しませてくれる二人の息子と、いつも変わらず存在する夫にも、ありがとう。

令和6年1月吉日　青木裕子

青木裕子（あおき・ゆうこ）

1983年1月7日生まれ、埼玉県出身。2005年に慶應義塾大学を卒業し、TBSテレビにアナウンサーとして入社。『サンデージャポン』や『NEWS23X』をはじめ、バラエティ・報道・スポーツ等多くの番組を担当し天真爛漫な人柄で注目を集める。2012年12月末にTBSテレビを退社し、フリーアナウンサーとして活動をスタート。2014年に第1子、2016年に第2子を出産し2児の母として、現在はモデル、ナレーション等活動の幅を広げ活躍中。

Staff

全面協力／大原英子
対談／宝槻泰伸
寄稿／矢野耕平
イラスト・漫画／たぬポンド（X:@tan_uk_ijiru）
デザイン／小柳萌加（next door design）
編集協力／芝山友美
〈P072～076、143〉
撮影／水野昭子
ヘア&メイク／MAKI
（青木裕子さん分）

本書に掲載された情報は、すべて税込み価格で、2024年3月現在のものです。

3歳《さい》からの子《こ》育《そだ》て歳《さい》時《じ》記《き》

2024年 4月17日　第1刷発行

著　者　青木裕子《あおきゆうこ》
発行者　清田則子
発行所　株式会社講談社
〒112-8001
東京都文京区音羽2-12-21
電話　編集　03-5395-3452
　　　販売　03-5395-3606
　　　業務　03-5395-3615
印刷所　株式会社新藤慶昌堂
製本所　大口製本印刷株式会社

ISBN 978-4-06-535537-4

KODANSHA